PIERRE DESRUISSEAUX

DICTIONNAIRE
DES EXPRESSIONS
QUÉBÉCOISES

DORMIR
A COMME UN
AS DE PIQUE
peinturer des lumières

Dans mon

Jarnigoine

avoir son gros **voyage**
faire son

zarza
ivre à

OUVRAGES
PRATIQUES

BQ

Dictionnaire des expressions québécoises

Pierre DesRuisseaux

Dictionnaire des expressions québécoises

Nouvelle édition révisée
et largement augmentée

BIBLIOTHÈQUE QUÉBÉCOISE

Bibliothèque québécoise inc. est une société d'édition administrée conjointement par la Corporation des Éditions Fides, les Éditions Hurtubise HMH Ltée et Leméac Éditeur.

Illustration de la couverture : Énigma
Traitement d'images : Jean-Luc Bonin

DÉPÔT LÉGAL : PREMIER TRIMESTRE 1990
BIBLIOTHÈQUE NATIONALE DU QUÉBEC

© Éditions Hurtubise HMH, 1980.

© Bibliothèque québécoise, 1990, pour l'édition de poche.

ISBN : 2-89406-040-8

Avant-propos

S'il reste fidèle à la méthode et au principe de son prédécesseur, le *Livre des expressions québécoises*, paru il y a déjà une décennie, ce *Dictionnaire des expressions québécoises* s'en distingue par l'ampleur du contenu – les entrées ont en effet plus que quadruplé – ainsi que par l'absence de développements superflus ou peu utiles à la compréhension.

Bien que concis et rigoureux dans son élaboration, ce livre se veut avant tout un outil de consultation facile et pratique pour tous ceux, professionnels de la langue, étudiants ou simples curieux, qui s'intéressent au langage parlé, mais aussi écrit, au Québec.

Concurremment à mes propres enquêtes et recherches poursuivies au fil des événements et des années, je me suis inspiré des travaux de mes contemporains et prédécesseurs, ajoutant parfois au corpus certaine acception, certaine particularité de sens ou variante qui s'avérait fondée, intéressante ou encore, retranchant de-ci, delà, un énoncé douteux ou tombé en désuétude.

La langue parlée étant une réalité en perpétuelle transformation et mutation, cet ouvrage ne voudrait ni ne pourrait évidemment prétendre à l'exhaustivité. Comme leurs utilisateurs, les expressions, naissent, vivent et meurent. En conséquence, j'ai tenté de rendre, aussi fidèlement que possible, un « portrait » des expressions telles qu'elles sont utilisées couramment au sein de la communauté québécoise. Je n'ai cependant voulu retrancher *a priori* aucun énoncé pour des considérations d'ordres moral, religieux ou esthétique, même si, parfois, la nature un peu fruste ou « verte » de certaines entrées risque de choquer des natures un peu sensibles. La morale évoluant, ce qui pouvait paraître offensant hier semble parfaitement anodin aujourd'hui. Par contre, ce qui nous paraît choquant aujourd'hui, particulièrement en ce qui concerne l'image de la femme ou des groupes ethniques, par exemple, le semblait beaucoup moins dans le passé. L'époque a les interdits et les aspirations qu'elle veut bien se donner et dont elle seule est responsable devant l'histoire.

Par ailleurs, j'ai laissé tels quels des énoncés qui contiennent des anglicismes patents (par exemple : « Checker ses claques ») de façon à conserver l'usage, me bornant parfois à traduire un terme à l'intention des lecteurs qui en ignoreraient le sens.

***

L'expression populaire ignore ses auteurs. Souvent née de père inconnu, au fil des générations et des lieux, elle subit les transformations des populations et des cultures qui y brodent au fil de leur talent. Œuvre véritablement collective et en perpétuelle mutation, l'expression populaire prend la couleur du temps et l'odeur de chaque région, de chaque pays, en conservant la plupart du temps intacte son ossature.

Mais, d'abord, qu'est-ce que l'expression québécoise pour nous, qui n'en avons souvent qu'une vague idée ? Définissons d'emblée qu'il s'agit de toute expression utilisée couramment au Québec et reconnue comme telle, qu'elle soit ou non issue d'un fonds culturel étranger. Il est de fait que la langue évolue constamment et ne connaît point de frontière : telle expression nous vient de la nuit des temps, des Grecs, des Latins, en passant parfois par la Suisse, la Belgique, la France, quand ce n'est pas par l'Angleterre ou les États-Unis, pour aboutir enfin chez nous où elle prendra une tournure, une texture particulière. On parlera ici d'adaptation, de transformation d'un énoncé existant, qui n'en prendra pas moins une forme témoignant dans sa singularité dernière, d'une culture et d'une vision bien spécifiques. D'autres fois, il y aura emprunt ou calque partiel ou entier d'une expression étrangère. D'autre fois encore, l'expression surgira spontanément d'une situation, d'un contexte inédits.

Toutes les expressions ont cependant ceci en commun qu'elles répondent à un besoin et à une réalité donnés, concrétisant en partie les préoccupations, l'éthique et la conscience d'une époque et d'une culture spécifiques. C'est pourquoi comprendre fondamentalement un peuple, c'est *aussi* connaître sa langue dans ce qu'elle a de plus intime et de plus original, c'est-à-dire dans ses expressions, ses locutions et comparaisons populaires, dont la signification globale ne ressort pas d'emblée à l'oreille étrangère.

***

L'accueil fait à la première édition de cet ouvrage témoigne de son intérêt et de son utilité. J'ai espoir que ce *Dictionnaire* répondra à l'attente du public lecteur et qu'il fera progresser sensiblement la connaissance de la langue et de la culture d'ici.

***

Je tiens à exprimer ici ma profonde gratitude aux informateurs qui m'ont apporté leur collaboration, soit en me fournissant des énoncés, soit en corroborant ou infirmant la signification ou l'usage de certaines expressions contenues dans le présent ouvrage. Je tiens également à remercier Guy Lefrançois qui a bien voulu effectuer le transfert informatique des données.

Abréviations et notes liminaires

angl.	anglais
étym.	étymologie
eu.	euphémisme
fam.	familier
fr.	français
iron.	ironique
péj.	péjoratif
qqch.	quelque chose
qqn	quelqu'un
syn.	synonyme

À moins d'indication contraire, le genre masculin utilisé dans les énoncés fait référence à la fois aux hommes et aux femmes. Ainsi, « Gros comme une allumette » se dit aussi bien d'une femme (« Grosse comme... ») que d'un homme (« Gros comme... »), tandis que « Être habillée comme cataud » renvoie à une femme ou à une jeune fille.

Les entrées apparaissent dans l'ordre alphabétique des mots clés. Les expressions sont en caractère gras. Nombre d'énoncés sont suivis de leur équivalent français et / ou anglais. On trouvera à la fin de l'ouvrage un index comprenant à la fois les termes significatifs de chacun des énoncés et des mots thématiques regroupant un certain nombre d'expressions de signification identique.

Les termes entre parenthèses – *i.e.* « Graisser (remuer, moucher) ses bottes » – renvoient aux variantes courantes de l'énoncé.

Les crochets font référence à des emprunts de l'étranger, presque tous de l'anglais, ou renferment la graphie correcte d'un mot donné dans sa prononciation populaire. Elles renvoient également à des caractéristiques dont on trouvera la nomenclature dans la liste des abréviations ci-dessus.

ABATTU. Être abattu des vents ; mal digérer. ❖ « Il y avait une femme qui souffrait de mauvaise digestion, ce qu'on appelait ici être abattu des vents. » Jean-Claude de l'Orme et Ovila Leblanc, *Histoire populaire des Îles de la Madeleine*.

ACCOTÉ. Vivre accoté ; vivre en concubinage.

ACCOTER. Pouvoir accoter qqn [eu.] ; pouvoir égaler, se mesurer à qqn. ❖ « Le vieux Arthur pouvait accoter n'importe quel jeune du village. »

ACCOUCHE. Accouche (qu'on bâtisse [baptise] !) ; cesse de tergiverser ! ❖ « Accouche qu'on bâtisse ! On n'a pas toute la journée à attendre. »

ACCROIRES. Faire des accroires à qqn ; tromper qqn avec des mensonges. ❖ *Fr*. Monter un bateau à qqn.

Se faire des accroires ; s'illusionner. « Si tu penses qu'il t'aime...tu te fais des accroires. »

ACHALÉ. Ne pas être achalé ; ne pas être timide, ne pas avoir peur, avoir du front.

ACHAT. Faire achat [eu.] ; devenir enceinte. Autrefois, la future mère disait aux plus jeunes qu'elle allait acheter un bébé aux « Sauvages » (Amérindiens), d'où l'expression.

ACHETER. Être à la veille d'acheter [eu.] ; être à la veille d'accoucher.

À CHEVAL. Être à cheval sur les principes ; obéir à des principes rigoureux.

ACQUÊT. Avoir autant d'acquêt de faire qqch. ; faire aussi bien de, avoir autant d'avantage à faire qqch. ❖ « Vu que ma mère m'attendait avec une brique et un fanal, je me suis dit que j'avais autant d'acquêt de ne pas rentrer à la maison. »

ADON. Être (ne pas être) d'adon ; être (ne pas être) aimable, serviable. ❖ « Cet étranger est donc pas d'adon, personne ne peut s'entendre avec lui. »

AD VITAM ÆTERNAM. Faire qqch. *ad vitam æternam* ; faire qqch. sans arrêt, sans se lasser. Marque l'exaspération, notamment, à propos d'une requête incessante d'un enfant. ❖ « Pour obtenir une sucette, le petit Jean-Baptiste a pleuré *ad vitam æternam.* »

AFFAIRE. (Savoir) chenailler son affaire ; savoir agir avec célérité. Se dit d'une personne débrouillarde, qui n'a pas « les deux pieds dans la même bottine ». Chenailler [étym.] : courir aussi vite qu'un chien. Chienaille, troupe de chien (XIIᵉ siècle).

AFFAIRES. Être d'affaires ; être habile en affaires.

Être en affaires ; se comprendre, partager la même opinion. ❖ « On est-tu en affaires, mon Raymond ? – Définitivement, on est en affaires ! » *Samedi de rire*, Radio-Canada.

AFFILÉ. Être affilé ; être en colère, irrité. ❖ « Il est bien affilé ce matin, celui-là, un vrai lion. »

AGACE-PISSETTE. Être (une) agace-pissette. Se dit d'une femme ou d'une jeune fille qui se plaît à aguicher les hommes.

ÂGE. Être en âge ; avoir atteint la majorité.

AGNEAU. Doux comme un agneau ; très doux, inoffensif. ❖ « Jamais un mot plus haut que l'autre ; il est doux comme un agneau. »

AGOUSSER. Agousser les filles ; chercher à séduire les filles. ❖ *Fr.* Draguer.

AIGUILLE. Chercher une aiguille dans un voyage de foin. Se dit de qqch. de difficile ou d'impossible à trouver. ❖ *Fr.* Chercher une aiguille dans une botte de foin.

AIL. Baise-moi l'ail ! Injure. ❖ *Fr.* Va te faire foutre !

AILES. Rabattre ses ailes de moulin ; gesticuler en parlant.

AIME. Je t'aime à la folie comme une puce à l'agonie. Paroles pour amuser ou taquiner un être cher.

AIR. Avoir de l'air à partir mais partir tard. Se dit d'un homme peu pressé, qui manque de dynamisme.

Être avide d'air ; suffoquer, chercher son souffle. ❖ « Quand elle s'est couchée le soir, tout essoufflée, elle était avide d'air. »

Être en air ; être dispos, gai.

Être (toujours) en l'air ; être (constamment) agité, frivole. ❖ « Ti-Gus est toujours en l'air, il arrête pas de bouger. »

Fais de l'air ! Déguerpis ! ❖ « Fais de l'air ! On ne veut plus te voir ici. »

Faire de l'air sur le poil des yeux ; déguerpir.

Frapper de l'air ; n'aboutir à rien, échouer. ❖ « Quand j'ai voulu l'interroger, j'ai frappé de l'air. »

Pelleter de l'air ; perdre son temps à des riens.

AIR D'ALLER. Donner l'air d'aller ; donner le bon exemple. ❖ « Son père lui a donné l'air d'aller. Aujourd'hui, il se débrouille bien dans la vie. »

Donner un air d'aller à qqn ; venir en aide à qqn. ❖ « Il faisait tellement pitié... Charles lui a donné un air d'aller. »

N'avoir plus (avoir rien) que l'air d'aller ; être épuisé, ne plus avoir d'énergie.

AIR DE BŒUF. Prendre son (un, avoir un) air de bœuf; prendre un air renfrogné, maussade. ❖ *Fr.* Prendre un air d'enterrement.

AIRES DE VENT. Pas savoir les aires de vent; être désorienté, avoir l'esprit dérangé. AIRES DE VENT: directions du vent, conventionnellement au nombre de trente-deux.

AIRS. Avoir un de ces airs; avoir un air détestable. ❖ « Il avait un de ces airs, une vraie face à fesser dedans. »

AISÉ. Prendre ça aisé [*angl.* « easy », facile]; ne pas se presser. ❖ « Prends ça aisé ! Il n'y a rien qui presse. »

ALGONQUIN. Parler algonquin; parler d'une manière incompréhensible.

ALLER. Se faire aller; se remuer, se masturber.

Labourer aller de venant; labourer à l'endos.

ALLÔ. Allô ! Quel… ❖ « Le petit chalet de 200 000 $ de madame Rothschild ; allô chalet ! »

ALLUCHON. Manquer un alluchon; manquer de jugement. ALLUCHON: dent d'engrenage adaptable à une roue.

ALLUMETTE. Gros comme une allumette; maigrichon.

ALLUMETTES. Prendre qqch. avec des allumettes; prendre qqch. avec précaution.

ALLURE. Avoir (bien) de l'allure ; être convenable. ❖
« Cette entente-là, ça a bien de l'allure. »

ALMANACHS. Faire des almanachs ; gesticuler en
parlant.

AMANCHÉ. Être mal (bien [iron.]**) amanché** [emman-
ché] **(vrai) ;** être mal habillé, en fâcheuse position.

AMANCHER. Se faire amancher [emmancher] **;** se
faire rouler, berner, devenir involontairement enceinte.

AMANCHURE. Une amanchure de broche à foin. Se
dit d'une personne de peu de valeur, d'une chose déglinguée, mal conçue.

ÂME. Se tuer l'âme à l'ouvrage ; s'épuiser à la tâche.
❖ *Fr*. Se tuer à l'ouvrage.

AMEN. Supplier jusqu'à *amen* **;** implorer sans arrêt.
Se dit des enfants qui n'arrêtent pas d'assaillir les parents de requêtes.

AMITIÉ. Prendre amitié sur qqn ; se lier d'amitié avec
qqn. ❖ Un homme âgé à un jeune : « Je suis trop vieux
pour prendre amitié sur toi. » Marcel Rioux, *Culture de
l'Île Verte*.

**AMOUR. Amour de mon cœur, si tu savais comme tu
m'écœures, tu t'en irais ailleurs.** Formule amusante
pour inviter qqn à cesser ses attentions.

Faire l'amour en brouette ; mettre un genou par terre
et embrasser l'élue de son cœur assise sur l'autre genou.

ANCRE. Être (rester) à l'ancre ; chômer, rester à attendre ; pour une jeune fille, ne pas trouver à se marier. ❖ « Pas de travail, j'ai été à l'ancre toute l'année. »

Être aussi bien à l'ancre comme à la voile ; être indifférent, amorphe.

(S') ANCRER. S'ancrer qqch. dans la tête ; s'assurer, se convaincre de qqch.

ÂNE. Lâche (vache) comme un âne ; paresseux.

ANGE. Avoir une voix d'ange ; avoir une voix limpide. Se dit d'un enfant qui chante admirablement.

Beau comme un ange ; très beau. Se dit notamment d'un enfant. Rat (*Dictionnaire des locutions*) attribue l'origine des métaphores ayant « ange » pour terme de comparaison à un certain Ange Vegèce, célèbre calligraphe fort apprécié sous le règne de François 1er.

Doux comme un ange ; se dit d'une personne très douce, aimable, docile. ❖ « Ti-Bi est doux comme un ange, il ne ferait pas de mal à une mouche. »

Sage comme un ange. Se dit d'un enfant calme, peu turbulent.

ANGLAIS. Avoir l'air Anglais [iron.] ; avoir l'air penaud.

Labourer en Anglais ; labourer du côté vers le centre.

ANGUILLE. Y avoir anguille sous roche ; y avoir qqch. de louche. Souligne la méfiance par rapport à une réalité équivoque, douteuse. Se rencontre en France parfois sous un sens un peu différent : y avoir qqch. de caché.

ANNÉE. Battre la vieille année ; célébrer le Nouvel An.

ANNÉE DU SIÈGE. Dater de l'année du siège ; dater de très longtemps. Se dit d'une personne très âgée ou d'un événement ancien. L'année du siège, c'est celle du siège de Québec, en 1759.

AN QUARANTE. S'en ficher comme de l'an quarante ; s'en moquer éperdument. L'expression se rencontre en France où elle aurait d'abord été utilisée par les royalistes qui ne s'inquiétaient guère plus de qqch. que de l'an quarante de la République, qui ne viendrait jamais. Au Québec, une prédiction avait annoncé que l'an 1740 verrait s'accomplir des événements terribles, désastreux, la fin du monde, disaient certains. Or, 1740 passa et l'on s'en moqua. Les mêmes prédictions furent réitérées pour l'année 1840. Dans les poésies de nouvelle année du *Canadien* et de la *Gazette de Québec*, il y est fait allusion (Anonyme, *Bulletin des recherches historiques,* 1887).

ANSE. Avoir les orteils en anse de cruche ; avoir les orteils recourbés vers l'intérieur, tituber.

A-ONE. **C'est *a-one*** [*angl.* numéro un] **!** C'est parfait, irréprochable.

À PIC. Avoir l'air à pic ; avoir l'air maussade.

Être à pic ; être grognon, irritable.

APPOINTS. Attendre les appoints de qqn ; attendre la décision, le bon vouloir de qqn.

APPROUVEMENTS. Faire des approuvements [*angl.* « improvements », améliorations] ; faire des améliorations, des réfections. ❖ « Elle a fait des approuvements importants sur cette maison qu'elle venait d'acheter. »

ARBRE DE NOËL. Avoir l'air d'un arbre de Noël ; porter des vêtements voyants, détonnants. ❖ « Regarde-la, elle a encore l'air d'un arbre de Noël. » *Le Grand Jour*, Radio-Canada.

ARGOTS. Grimper sur ses argots [ergots] ; s'enflammer, se mettre en colère.

ARIA. Être (faire tout) un aria (du beau diable) ; être d'une grande complexité, embarrassant (faire tout un scandale). Se dit aussi d'une personne particulièrement laide ou mal habillée. ❖ « Au bureau de votation, c'était tout un aria, à tel point que je n'ai pas pu voter. »

ARMOIRE À GLACE. Bâti comme une armoire à glace ; être musclé, avoir un physique imposant.

ARRACHE-POIL. Travailler d'arrache-poil ; travailler sans désemparer, en y mettant toute son énergie. ❖ *Fr.* Travailler d'arrache-pied.

ARRACHER. En arracher ; avoir de la misère, de la difficulté.

ARRACHEUR DE DENTS. Menteur comme un arracheur de dents ; très menteur. Autrefois, les dentistes, pour calmer les patients récalcitrants, cherchaient à atténuer l'importance de l'opération, d'où l'expression.

ARRANGEMENT. Être d'arrangement ; être conciliant, notamment en affaires.

ARRANGER. Arranger qqn (en petite culotte) ; duper, tromper qqn.

Se faire arranger (en petite culotte) [eu.] ; se laisser posséder, berner. ❖ « Dans ce contrat pourri, il s'est fait arranger en petite culotte. »

ARSE. Avoir de l'arse ; avoir du temps, de la place. ❖« Faites de l'arse, là-bas ! »

ARTHRITE. Faire de l'arthrite derrière les oreilles ; être sourd à la raison, au bon sens. ❖ « Vous n'entendez pas ! Faites-vous de l'arthrite derrière les oreilles ? » CHRS radio, Saint-Jean.

AS. Aux as ; complètement, totalement. Ainsi : perdu aux as, paqueté aux as, saoul aux as, etc. ❖ « ...une noyée, une droguée, saoule aux as, une débarrassée de la vie. » Robert Baillie, *Des filles de Beauté.*

Ça bat quatre as ! C'est extraordinaire, formidable ! Dans certains jeux de cartes, le joueur qui détient quatre as remporte la partie, d'où l'expression.

Être aux as ; être comblé.

Jouer comme un as ; jouer habilement, intelligemment.

AS DE PIQUE. Dormir comme un as de pique ; dormir à poings fermés.

Figé (planté là) comme un as de pique. Se dit d'une personne interdite, pétrifiée. ❖ « Elle est restée figée comme un as de pique devant monsieur le curé. »

ASSAUT. Poigner un assaut ; tomber malade. ❖ « Après sa sortie sous la pluie, tante Alma a poigné un assaut. »

ASSEOIR. S'asseoir dessus ; s'arrêter. ❖ « Ça va, la mongolfière, on s'assoit pas dessus. On continue ! » *Samedi de rire*, Radio-Canada.

Se faire asseoir (asseoir qqn) ; se faire remettre à sa place (remettre qqn à sa place).

ASSIETTE. Ne pas être dans son assiette ; être de mauvaise humeur, se sentir mal.

Se casser une assiette [eu.] **;** se faire mal en tombant.

ATOUT. Avoir de l'atout ; avoir des ressources, être débrouillard. ❖ « Ma blonde a de l'atout, elle sait quoi faire pour obtenir ce qu'elle veut. »

ATTELÉ. Être mal attelé ; être mal marié ; moralement, être sur une mauvaise voie.

ATTELLES. Sur les attelles ; maladif, de constitution fragile.

Tirer dans les attelles ; faire un effort, forcer.

Tirer sur les attelles ; être à la dernière extrémité.

ATTISÉE. Donner une attisée ; redoubler d'efforts. ❖ « Pour finir ce travail, ti-Jos a donné une attisée. »

AU COTON. Aller au coton ; aller à fond de train.

Être rendu (usé, fatigué, etc.) au coton. À bout de force, extrêmement, très (fatigué, usé, etc.). COTON : tige d'une plante. « Être négatif au coton ». Robert Baillie, *Des filles de Beauté*.

AUGE À COCHON. Faire danser l'aînée dans l'auge à cochon. À propos de la cadette qui se marie avant l'aînée dans une famille.

AUJOURD'HUI. Aujourd'hui pour demain ; du jour au lendemain. ❖ « Aujourd'hui pour demain, son attitude a changé du tout au tout, elle n'était plus la même. »

AUTANT. Dire qqch. autant comme autant ; dire qqch. des quantités de fois.

AUTRE. Se prendre pour un autre [péj.] ; se croire supérieur, prendre des attitudes empruntées. ❖ *Fr.* Se croire.

AUTRE BORD. Être sur l'autre bord (sur l'autre côté) ; être enceinte.

AUTRE CÔTÉ. Aller (passer) de l'autre côté ; mourir.

AVANÇANT. C'est pas avançant ! C'est pas avantageux, salutaire ! ❖ « Des flos aussi pigrasseux, c'est pas avançant. »

AVANCE. C'est pas d'avance ; c'est défavorable, désavantageux. ❖ « Un homme aussi bête que lui, c'est pas d'avance pour une femme. »

AVOCAT. Propre comme un avocat ; avoir une mise soignée.

Savant comme un avocat ; érudit. Se rappeler que l'avocat, ainsi que le curé et le notaire, étaient souvent les gens les plus instruits de la communauté. ❖ *Fr.* Savant jusqu'aux dents.

AVOINE. Faire manger de l'avoine à qqn ; éconduire un amoureux, supplanter un rival, notamment en amour.

Manger de l'avoine ; se faire éconduire ou être supplanté par un rival, particulièrement en amour. L'expression rappelle une coutume amusante qui existait autrefois dans certaines provinces françaises : la jeune fille qui désirait mettre fin aux fréquentations déposait à la dérobée dans l'une des poches du jeune homme une poignée d'avoine. Celui-ci, comprenant le message, ne revenait plus.

BABICHE. Se serrer la babiche ; se priver de qqch., notamment de manger. BABICHE : lanière de peau d'animal sauvage qui servait autrefois à divers usages domestiques. ❖ *Fr.* Se serrer la ceinture.

BABOCHE. Prendre de la baboche ; boire de l'alcool frelaté.

BABOUNE. Avoir (faire) la baboune ; bouder, c'est-à-dire, littéralement, faire la grosse lèvre, comme font souvent les enfants. Autrefois, on disait *babouine* (de babouin).

BACUL. Chier sur le bacul ; se désister, abandonner. Autrefois, les chevaux pris de panique chiaient souvent sur le palonnier ou bacul de la voiture, d'où l'expression. À propos d'un travail, d'une tâche que l'on hésite à entreprendre. ❖ « Chaque fois que son père lui demandait quelque chose, Michel chiait sur le bacul. »

Ruer dans le bacul ; se révolter. ❖ « Quand on lui a interdit d'aller à la danse le samedi soir, je te dis qu'il ruait dans le bacul. »

BÂDRÉ. Ne pas être bâdré ; avoir du toupet, être fonceur.

BADTRIPPER. (Faire) badtripper [*angl.* « bad trip », mauvais voyage, mauvaise expérience] **(qqn) ;** (faire) paniquer (qqn).

BAG. **Être dans le** *bag* [*angl.* sac] ; être dans le vent, à la page.

BAGUETTES. Avoir de grandes baguettes ; avoir les jambes élancées.

Avoir (se faire aller) les baguettes en l'air ; gesticuler (de joie, de colère, etc.). ❖ « Hors de lui, rouge comme une tomate, il se faisait aller les baguettes en l'air ! »

BAISABLE. Pas être baisable. Se dit d'une personne détestable, repoussante.

BAISE-LA-PIASTRE. Être un baise-la-piastre ; être avaricieux.

BAISER. Se baiser le dos ; échouer, manquer son coup.

BALAI. Aller au balai ; ficher la paix, déguerpir.
❖ « Vous pouvez ben aller au balai avec vos menteries. »

Avoir le balai bas ; être démoralisé, triste.

Envoyer qqn au balai ; envoyer promener qqn.

Fou comme le (un) balai ; étourdi, écervelé, fou de

joie. ❖ « À la vue de son maître, le chien était fou comme le balai. »

Jomper [*angl.* « jump », sauter] **le balai ;** devenir enceinte.

Va au balai ! Déguerpis ! ❖ « Va au balai ! Je ne veux plus te voir ici. »

BALCON. Y avoir du monde au balcon [eu.]. Se dit d'une femme à la poitrine opulente.

BALLANT. Être en ballant ; être en équilibre instable. ❖ « Tit-Pit Vallerand était en ballant sur la clôture pi tout à coup y est tombé comme une poche. » Louis Fréchette, *Contes de Jos Violon*.

Garder (perdre) le ballant ; maintenir (perdre) l'équilibre.

BALLE. Gelé comme une balle ; complètement engourdi, transi. Se dit notamment de celui qui, engourdi par la drogue ou l'alcool, reste figé sur place.

Passer comme une balle ; passer en trombe. ❖ *Fr.* Passer comme un éclair.

Rebondir comme une balle ; rebondir aussitôt, revenir en force, arriver en trombe. ❖ « Après avoir entendu ça, il est rebondi comme une balle chez Jos Villeneuve. »

Sain comme une balle ; en parfaite santé, solide. ❖ « Malgré ses vingt-cinq ans d'âge, ce bois est sain comme une balle. »

BALLE DE GIN. Partir comme une balle de gin ; partir à l'épouvante, déguerpir.

BALLON. Crever le ballon de qqn ; briser le rêve, les illusions de qqn.

Lancer un ballon ; lancer une rumeur, notamment, une rumeur politique.

BALLOUNE. Être en (partir en, poigner la) balloune [*angl.* « balloon », ballon] ; être, devenir enceinte. ❖ *Fr.* Avoir le ballon.

Être (partir) sur la balloune ; s'adonner à une beuverie.

Faire une balloune (à une femme) ; rendre une femme enceinte. ❖ « Non seulement on avait pris une balloune ensemble mais il m'en a fait une, balloune. »

Gros comme une balloune ; corpulent, obèse.

Partir sur (prendre) une balloune ; divaguer, se saouler, partir en fête.

Péter la balloune de qqn ; briser les illusions, les prétentions de qqn. ❖ « Y avait toujours quelqu'un pour v'nir péter ma balloune. » Michel Tremblay, *À toi pour toujours, ta Marie-Lou.*

Souffler dans la balloune ; subir le test de l'ivressomètre. Aussi, **péter la balloune**, dépasser le seuil de tolérance sur l'ivressomètre.

Vivre dans une balloune ; vivre de chimères. ❖ « Tu vois, tu le dis toé-même que tu vivais dans une balloune. » Michel Tremblay, *À toi pour toujours, ta Marie-Lou.*

BALUSTRADE. Être (un) mangeux de balustrade ; être bigot.

Sauter la balustrade ; se faire refuser l'absolution.

BALUSTRE. Être (un) mangeux (rongeux, suceux) de balustre ; être bigot. ❖ *Fr.* Grenouille de bénitier, punaise de sacristie.

BAN. Battre un ban ; convoquer une assemblée, un groupe, etc.

BANDÉ. Être bandé (raide) sur qqn, qqch. ; s'enticher (violemment) de qqn, qqch.

BANQUE. Bon comme la banque ; solvable, fortuné.

Pouvoir fondre une banque ; être dépensier. ❖ « Même s'il gagnait de grosses gages, ce garçon pouvait fondre une banque. »

Prendre qqn pour la banque à Jos Violon ; s'imaginer à tort que qqn est riche. Jos Violon : protagoniste de nombreux contes de Louis Fréchette.

BAPTÊME. Être (venir) en baptême ; être (se mettre) en colère.

BARABBAS. Connu comme Barabbas dans la Passion. Se dit d'une personne fort bien connue.

BARATTER. En baratter un coup ; tousser violemment.

BARBE. Faire la barbe à qqn ; supplanter, vaincre qqn. Viendrait d'une coutume guerrière moyenâgeuse consistant à couper la barbe de l'adversaire vaincu.

Rire dans sa (ses) barbe(s) ; rire à la dérobée. ❖ *Fr*. Rire sous cape.

BARBER. Se faire barber ; se faire insulter, importuner.

BARBOUILLÉ. Être barbouillé ; être ivre.

BARDA. Faire du (mener le) barda ; faire du tapage, du chahut.

BARDEAU. Avoir la langue comme un bardeau ; être assoiffé.

Avoir un bardeau de levé (un bardeau en moins) [péj] ; avoir l'esprit dérangé. Par analogie avec les bardeaux de toiture. ❖ « Il doit avoir un bardeau de levé pour qu'il accepte de vendre sa maison à si bas prix. » ❖ *Fr*. Être timbré.

Maigre comme un bardeau ; maigrichon.

Manquer un bardeau à qqn ; être un peu timbré, étourdi. ❖ *Fr*. Avoir une araignée dans le plafond.

Manquer un bardeau dans le pignon (sur sa couverture) ; avoir l'esprit dérangé.

Sec comme un bardeau. Se dit d'une personne à la taille filiforme.

BARDEAUX. Dire un chapelet en bardeaux ; réciter vivement un chapelet. « Certains sont des virtuoses du chapelet : ils font chevaucher avec tant d'aisance les deux versets de l'*Ave Maria*, qu'ils peuvent diminuer du tiers la durée de la récitation ; c'est ce qu'on appelle "dire un chapelet en bardeaux". » Madeleine Ferron, Robert Cliche, *Quand le peuple fait la loi.*

Manquer des (manquer deux) bardeaux ; avoir l'esprit dérangé.

BARIL. Gros comme un baril. Se dit d'une personne corpulente, obèse.

BAROUCHE. Avoir le ventre comme une barouche ; avoir le ventre plat. Par analogie avec la barouche ou boghei, sorte de voiture constituée de planches posées sur deux paires de roues.

Lent comme une barouche ; très lent.

BAROUETTER. Se faire barouetter ; se faire tromper, être renvoyé de l'un à l'autre. Se faire barouetter (de BROUETTE), c'est se faire raconter toutes sortes d'histoires abracadabrantes.

BARRE. Raide comme une barre ; droit, au garde-à-vous. « Raide comme une barre, il se tenait à l'attention devant le colonel des zouaves. » *Fr.* Raide comme un piquet.

BARRÉ. Avoir le corps barré ; être constipé.

Ne pas être barré (à quarante) ; avoir de l'assurance, du toupet.

Rire barré ; rire à contrecœur. ❖ *Fr.* Rire jaune.

BARREAU. Raide comme un barreau de chaise ; très droit, raide.

BARREAUX. Manger les barreaux de châssis ; se languir d'amour à la fenêtre. ❖ « Quand un jeune homme se poussait pour une fille [s'entichait d'une fille] et qu'il n'osait pas le lui dire, on appelait cela manger les barreaux de châssis [fenêtres]. À force de regarder la fille, à force de regarder au châssis, il en a *[sic]* mangé les barreaux. » Jean-Claude de l'Orme et Ovila Leblanc, *Histoire populaire des Îles de la Madeleine.*

BARRE DU JOUR. Travailler de la barre du jour jusqu'au fanal ; travailler du matin au soir.

BARRES. Mettre les barres sur les T ; avoir une explication franche, insister sur un point. ❖ *Fr.* Mettre les points sur les i.

BARRIQUE. Faire barrique ; s'enivrer.

BAS. Être bas sur ses roulettes ; être court de taille.

BAS. Manger ses bas ; s'énerver, prendre panique. Aussi, **Mange pas tes bas !,** garde ton calme, ne t'emballe pas.

BASCULE. Donner la bascule à qqn ; balancer qqn par les bras et les jambes. Geoffrion (*Zigzags autour de* *nos parlers*) y discerne la réminiscence d'un vieux supplice français encore en usage à la fin du Moyen Âge.

BAS DE NOËL. Tu devrais te mettre un bas de Noël sur la tête ! Tu es benêt ! Remarque courante parmi les jeunes.

BASSE MESSE. Finir (revenir, retourner, virer) en (par une) basse messe ; finir à rien, en cul-de-sac, par un mariage. ❖ « Cette aventure entre Lucie et Pierre va sûrement finir par une basse messe. »

BATACLAN. Tout le bataclan ; tout l'attirail, tout le nécessaire. ❖ « Des boulons, des vis, des clous de toutes dimensions et de toutes longueurs, tout le bataclan, quoi. »

BATCHE. Faire la batche [angl. « batch », fournée] ; faire la cuisine, notamment, pour un groupe.

BATEAU. Manquer le bateau ; rater l'occasion, ne rien comprendre. ❖ « Duplessis lui avait fait comprendre ses intentions à demi-mot, mais il a complètement manqué le bateau. »

Monter un bateau ; mystifier, flatter. ❖ *Fr.* Bâtir des châteaux en Espagne.

BATTE. Lâcher le batte [*angl.* « bat », bâton] ; démissionner, abandonner. « Il faudrait que vous lâchiez le batte, le père, que vous abandonniez la terre. »

Passer qqn (une femme) au batte ; faire un mauvais parti à qqn (baiser une femme).

Se faire passer au batte ; se faire engueuler, fustiger, se faire baiser (en parlant d'une femme). *Fr.* Prendre une trempe.

BATTÉE. Donner une battée ; décupler d'efforts (notamment pour terminer un travail).

BATTE-FEU. Être en batte-feu ; être d'humeur maussade. BATTE-FEU : briquet.

BATTER. Se faire batter ; se faire critiquer.

BATTURES. Être (jouer) dans les battures de qqn ; chercher à ravir le (la) partenaire d'autrui.

BAUCHE. Donner une bauche à qqn ; venir en aide à qqn.

Faire qqch. (travailler) à la bauche ; faire qqch. (travailler) gauchement, à la hâte. ❖ « Tu t'es lavé les oreilles à la bauche ; retourne à la salle de bain. »

Faire qqch. tout d'une bauche ; faire qqch. en vitesse, rapidement.

Faire une (bonne) bauche ; faire un (long) trajet.

BAVER. Se faire (laisser) baver ; se faire (laisser) importuner, provoquer.

BEAU. Avoir (bien) en beau de faire qqch. ; avoir avantage à faire qqch., pouvoir faire qqch. ❖ « Malchanceux comme tu es, tu as bien en beau d'acheter des billets, je serais surpris que tu gagnes. »

Faire le (son) beau ; se pavaner, faire l'orgueilleux.

Il va faire beau demain, hein ? Pour signifier à un importun de déguerpir.

Il va faire beau quand tu l'auras ! Autrement dit : tu ne l'auras pas de sitôt. Ne s'emploie que sous cette forme. ❖ *Fr.* Attendre belle lurette.

S'habiller en beau ; enfiler ses plus beaux vêtements ❖ *Fr.* Se mettre en dimanche.

Y a rien de trop beau pour les *boys* [*angl.* gars] [iron.] ; on n'en fait jamais assez pour les amis. Pour critiquer des passe-droits, des privilèges immérités.

BEAU-PÈRE. Y aller chez (su') l'beau-père ; aller rapidement, rondement. ❖ « Il y va su' l'beau-père avec son petit boghei. »

Envoyer qqn chez (su') l'beau-père ; envoyer promener qqn.

BEAUTÉ. Beauté fatale, quand je te vois, je pédale ; formule à la fois amusante et ironique pour dire que qqn nous déplaît.

BÉBÉ LALA. Être (un) bébé lala ; avoir une attitude puérile.

BÉBELLES. Tes bébelles p'is dans ta cour ! Mêle-toi de tes affaires ! Titre notamment d'une pièce populaire de Marcel Gamache.

BEC. Avoir du bec ; être volubile.

Avoir le bec carré ; parler difficilement (en raison du froid, notamment).

Ça m'a passé devant le bec ! J'ai raté ma chance !

Donner, recevoir un bec en pincettes ; donner, recevoir une bise en pinçant, en se faisant pincer les joues.

Faire le bec fin ; faire le difficile, le dédaigneux. ❖ *Fr.* Faire la fine bouche.

Faire le bec pincé ; faire le prétentieux, l'arrogant.

Faire le gros bec ; faire la moue.

Fermer (coudre, se faire fermer) le bec (à qqn) ; rabrouer qqn (se faire rabrouer). ❖ *Fr.* Se faire clouer le bec.

Se fermer le bec ; se taire.

Se rincer le bec ; trinquer.

Taire son bec ; se taire.

BECQUER. Becquer bobo. Expression affectueuse d'une mère qui applique un baiser sur la partie endolorie du corps d'un enfant.

Becquer coco pour acheter des terres [péj.] ; être prêt à toutes les compromissions pour s'enrichir.

BECSIE. Jaloux comme un becsie ; extrêmement jaloux. ❖ « L'homme, un bossu, était jaloux comme un becsie. » Collectif, *Veillées du bon vieux temps.*

BEDAINE. Faire de la bedaine ; souffrir d'obésité.

Flatter la bedaine de qqn du bon bord ; amadouer, flatter qqn. ❖ « Quand ils ont loué sa loyauté, on voyait bien que ça lui flattait la bedaine du bon bord. »

Se promener (être) en bedaine. D'un homme qui se promène (qui est) torse nu, en petite tenue.

BÉGOPPER. Bégopper sur son passé ; revenir sur, ressasser son passé.

BEIGNE. Se paqueter le beigne ; s'enivrer.

BEIGNES. Passer aux beignes ; passer en trombe, à toute vitesse.

Passer (se faire passer) aux (les) beignes ; chicaner, gronder qqn (se faire chicaner, gronder). Notamment, à propos d'un enfant. En France, BEIGNE : bosse.

BELETTE. Passer en belette ; passer en vitesse. D'un visiteur qui, sitôt arrivé, se hâte de repartir. Par analogie avec le caractère farouche de cet animal. ❖ « Le père Jacques passe en belette chaque fois qu'il vient au village. » ❖ *Fr.* Passer en coup de vent.

Senteux (curieux) comme une belette ; indiscret, fouineur.

BELLE. Faire la belle (le beau). D'un animal qui, au commandement, se dresse sur son train arrière. Aussi, **s'évanouir.** ❖ « Fais la belle, là, pour notre voisin ! »

BÉNÉDICTION. Aller comme une bénédiction ; aller à la perfection. ❖ « Même si elle est vieille de dix ans, cette voiture va comme une bénédiction. »

BEN RAIDE. Faire qqch. ben raide ; faire qqch. séance tenante, fermement. ❖ « M'a t'la tapocher ben raide, elle. » *Le Grand Jour*, Radio-Canada.

BESACE. S'en aller à la besace ; en être réduit à la misère.

BEST. **Être le *best*** [*angl.* meilleur] ; être le meilleur, le mieux. ❖ « Qu'il soit mort, c'est le *best* ; il était trop malade. »

Faire (de) son (gros) *best* ; faire de son mieux.

The best in the west ; meilleur que tout, supérieur à tout. Littéralement : le meilleur de tout l'Ouest.

BÊTE. Bête à coucher dehors ; stupide, impoli.

Bête à faire brailler un veau ; stupide.

Bête à manger de l'herbe ; imbécile.

Rester bête ; rester bouche bée. Déformation vraisemblable d'un ancien mot français, bé, qui exprime l'étonnement (Greimas, *Dictionnaire de l'ancien français*).

BÊTE À CORNES. Être une bête à cornes ; être brute, imbécile. ❖ « C'était malgré certains traits d'esprit, une vraie bête à cornes. » ❖ *Fr.* Bête à manger du foin.

BÊTE NOIRE. Être la bête noire de la famille ; être la honte de la famille. ❖ *Fr.* Le mouton noir (de la famille).

BÊTISES. Abîmer qqn de bêtises ; abreuver qqn d'injures.

Chanter (dire) des (une poignée de) bêtises à qqn ; injurier, invectiver qqn.

Envoyer (écrire, recevoir) une lettre de bêtises ; envoyer (écrire, recevoir) une lettre injurieuse.

Manger (lâcher, se faire chanter) des (des poignées, le plus beau paquet de) bêtises ; se faire invectiver (invectiver), se faire injurier (injurier) vertement.

BÉTON ARMÉ. Avoir une preuve (un argument) en béton armé ; avoir une preuve (un argument) irréfutable. ❖ « J'avais l'impression que la Sûreté avait une preuve en béton armé. » *La Presse,* août 1987.

BETTE. Avoir toute une (une drôle de) bette ; avoir un drôle d'air, une drôle d'allure.

Rouge comme une bette ; écarlate (de colère, de timidité, etc.).

BEUGLE. Lâcher un beugle ; lancer un cri.

BEURRE. Avoir des mains de beurre ; être gauche, malhabile de ses mains. S'emploie en France.

Avoir les yeux dans le beurre ; avoir le regard perdu, dans le vague.

Bon comme du beurre ; d'une grande bonté, candide.

Fondre (passer) comme du (disparaître comme le) beurre dans la poêle ; disparaître rapidement, être accepté, passer sans difficulté (se dit notamment, d'un mensonge, d'une ruse quelconque). ❖ « Entre ses mains, l'argent fond comme du beurre dans la poêle. »

Passer dans le beurre ; manquer le but, la cible.

Pouvoir marcher sur le beurre sans se graisser les pattes. De qqn qui traverse tout sans se compromettre.

Prendre le beurre à poignée ; dépenser à tort et à travers, gaspiller. ❖ « Il prenait encore le beurre à poignée malgré qu'il était au bord de la dèche. »

Tourner dans le beurre ; tourner à vide, perdre son temps.

BEURRÉE. Donner (se faire donner) une beurrée ; éconduire qqn (se faire éconduire).

BEURRER. Se laisser beurrer ; se laisser flatter, amadouer. ❖ « La petite Josette s'est laissée beurrer par le beau ti-Jean qui, le lendemain, est allé se vanter de sa conquête aux amis. »

BI. Faire (aller dans) un bi ; organiser (participer à) une corvée collective (notamment, en Abitibi).

BIBERON. Boire comme un biberon [eu.] ; trinquer, s'enivrer.

BIBI. C'est à bibi [fam.] **!** C'est à moi !

BIBITE. Avoir (attraper) la bibite ; avoir les yeux irrités (notamment, par un éclairage trop intense).

Avoir la bibite aux doigts ; avoir les doigts transis, mal aux doigts.

Être en bibite ; être en colère.

BIBLE. Va lire ta bible ! Déguerpis !

BICYCLE. Avoir les nerfs en bicycle ; être agité. Se dit notamment d'un enfant.

Faire du bicycle. À propos de bovins en rut qui se chevauchent.

BIDOUS. Gagner (avoir, dépenser) des bidous ; gagner (avoir, dépenser) de l'argent. Viendrait d'une ancienne monnaie française, le bidet.

BIÈRE. Avoir un ventre (une bedaine, une panse) de bière. Se dit d'un homme ventru.

BIJOU. Un (vrai) bijou ! Une (véritable) merveille.

BIJOUX. Montrer ses bijoux de famille ; montrer ses parties sexuelles.

BILL. Donner son *bill* [*angl.* facture] **à qqn ;** éconduire qqn (notamment un amoureux).

BINE. Rond comme une bine [*angl.* « bean », haricot] **;** ivre mort, rond. ❖ *Fr.* Plein comme une huître.

BINES. Y aller aux bines ; filer à vive allure, déguerpir.

BINETTE. Avoir une drôle de binette ; avoir une drôle d'expression, d'allure.

BISCUIT. Donner son biscuit à qqn (à une femme) ; éconduire qqn (notamment un amoureux) ; baiser une femme.

Recevoir (avoir, recevoir) son biscuit ; être congédié, éconduit, subir une raclée.

BLACK EYE. Avoir un *black eye* [*angl.* œil poché] **;** avoir un œil poché. *Fr.* Avoir un gnon.

BLAGUE. Ça ne vaut pas d'la blague ! Ça ne vaut rien ! Ça n'a aucune valeur !

BLANC. Se mettre au blanc ; se livrer, s'exposer au danger. ❖ « Pendant que je me mets au blanc, toi, tu restes tranquillement à la maison. »

BLANCHE. Aller le train de la blanche ; aller sans se hâter. LA BLANCHE, surnom familier donné parfois à un cheval. Autrement dit, aller au pas du cheval.

Y avoir une blanche ; n'y avoir aucun client. ❖ « Au

cinéma Royal, il y avait une blanche ce soir-là à cause du match de hockey. »

BLÉ D'INDE. Envoyer un blé d'Inde ; formuler une remarque désobligeante, propager une fausse rumeur. ❖ « Ti-Gus a envoyé un blé d'Inde pas mal puissant rapport à ti-Mousse. »

Enragé comme un blé d'Inde ; furieux.

Pousser un blé d'Inde ; blesser, taquiner.

Recevoir un blé d'Inde ; essuyer une remontrance.

BLEU. Donner son bleu à qqn ; éconduire qqn, notamment, un amoureux.

Être bleu (de rire) ; rire aux éclats.

Ne pas être bleu de rire ; être (plutôt) en colère, être peu enclin à rire. ❖ *Fr.* Rire jaune.

Recevoir son bleu ; être congédié. ❖ *Fr.* Recevoir son congé.

Se fâcher bleu ; se mettre en furie.

BLEUS. Avoir les bleus ; être triste, morose. Calque de l'anglais *to have the blues*. ❖ *Fr.* Broyer du noir.

Tomber dans les bleus ; perdre la tête, perdre son sang-froid.

BLOC. Avoir un mal de bloc ; avoir mal à la tête, notamment après une cuite. ❖ *Fr.* Avoir la gueule de bois.

BLODDE. Être (bien, faire son) blodde [*angl.* « blood », sang] ; être généreux, charitable. ❖ « Une femme ben blodde, elle a donné à manger à ce pauvre robineux. »

B.O. Sentir la B.O. ; sentir la transpiration.

BOB. Passer qqn (se faire passer) au bob ; rabrouer qqn (se faire rabrouer).

BOBETTES. Mange pas tes bobettes ! Pas de presse, pas de panique ! Se dit particulièrement dans la région du lac Saint-Jean. ❖ « Mange pas tes bobettes, ce travail peut attendre. »

BŒUF. Avoir du (un) front comme un (front de) bœuf ; être effronté, fonceur.

Être (se mettre, rester) sur le bœuf ; être (se mettre, rester) en petite vitesse, (s'efforcer d') avancer lentement mais sûrement.

Fort comme un bœuf. Se dit d'une personne dotée d'une grande force physique. S'emploie en France.

Gueuler comme un bœuf ; hurler à tue-tête.

Malade comme un bœuf ; très malade.

Malin comme un bœuf ; colérique, féroce.

Saigner comme un bœuf ; saigner abondamment.

Travailler comme un bœuf ; s'épuiser à la tâche, travailler d'arrache-pied.

BŒUF À SPRIGNE. Manger du bœuf à sprigne [*angl.* « spring », ressort] ; manger de la viande coriace, mal se nourrir. ❖ « Vu qu'on était trop pauvre, on a mangé toute l'année du bœuf à sprigne. »

BŒUF MAIGRE. Effronté comme un bœuf maigre ; insolent, impudent.

Traître comme un bœuf maigre ; imprévisible, sournois. ❖ « Ce vieux ratoureux était traître comme un bœuf maigre. »

BŒUFS. Être dompté comme des bœufs. Se dit d'un cheval docile, bien dompté. Évocation du bœuf comme animal de trait.

Être marié en face de bœufs ; vivre en concubinage.

Fort comme une paire de bœufs ; d'une force herculéenne. Évocation du bœuf comme animal de trait.

Vent à écorner les bœufs ; vent violent. ❖ *Fr.* Bise à décorner les bœufs.

BOGHEI. Fatigué du boghei ; fourbu. Se dit aussi d'une personne qui souffre d'un épuisement chronique.

BOIRE DEBOUT. Mouiller (pleuvoir) à boire debout ; pleuvoir abondamment.

BOIS. Aller dans le bois sans hache ; accomplir qqch. sans préparation, sans connaissances suffisantes.

Avoir du bois fendu ; avoir envie de baiser. Se dit par les parents devant les enfants pour ne pas que ceux-ci comprennent.

Chanter comme une rangée de bois qui déboule ; chanter faux.

Dur comme du bois ; très dur.

Mettre les bois à qqn (à un animal) ; tranquilliser, calmer, raisonner qqn (châtrer un animal).

Ne pas être sorti du bois ; ne pas être au bout de ses difficultés, de ses peines. ❖ *Fr.* Ne pas être sorti de l'auberge.

BOIS DE CALVAIRE. Être (ne pas être) du bois de calvaire ; être (ne pas être) dévot, pieux, irréprochable. ❖ « Un Irlandais qu'était point du bois de calvaire plusse qu'un autre (…) mais qui pouvait pas (…) sentir un menteur en dedans de quarante arpents. » Louis Fréchette, *Contes de Jos Violon.*

BOIS FRANC. Avoir (prendre) une face de bois franc ; prendre un air renfrogné, dur.

BOISSON. Être porté sur la boisson ; aimer l'alcool, trinquer.

Se mettre (être) en boisson ; s'enivrer, être ivre.

BOÎTE. Fermer (ouvrir) sa boîte ; se taire (parler). Aussi, **ferme ta boîte !** Tais-toi ! Cette expression viendrait de l'usage des lignes groupées des premiers téléphones, alors que les abonnés devaient « fermer » ou « ouvrir » leur boîte (téléphone) tandis que d'autres devaient faire le contraire. ❖ *Fr.* Se la fermer.

Fermer la boîte à qqn ; faire taire qqn. ❖ *Fr.* Clore le bec.

BOÎTE À POUX. En avoir plein la boîte à poux ; en avoir assez. ❖ « J'en ai plein la boîte à poux de tes jérémiades. »

BOLLE. Être une bolle ; être un premier de classe, une personne supérieurement intelligente.

La bolle [cuvette] **a vu son visage plus souvent que ses fesses** [péj.] ; avoir souvent été ivre. Boutade amusante.

BOLLÉ. Être (un) bollé ; être un premier de classe, être supérieurement intelligent.

BOLT. **Manquer une *bolt*** [*angl.* boulon] **à qqn ;** avoir l'esprit dérangé.

Va pisser une *bolt* [fam.] **!** Déguerpis !

BOMME. S'en aller (être, partir) sur la bomme [angl. « bum », clochard] ; dépérir, perdre son pécule. Se dit notamment d'une personne à l'allure débraillée. Calque de l'anglais *to be on the bum.* ❖ *Fr.* S'en aller à vaul'eau, à la débandade.

BON. Être bon de femmes ; avoir du succès auprès des femmes.

Faire du bon ; consentir un avantage, un rabais, faire du bien. ❖ « Le marchand général nous faisait du bon : cinquante pour cent de rabais sur la marchandise défraîchie. »

Faire qqch. comme un(e) bon(ne) ; faire bien qqch., faire qqch. allègrement, avec ardeur. Ainsi : dormir, s'amuser, travailler, rire comme un(e) bon(ne), etc.

BON DIEU. (Pouvoir) donner à qqn le bon Dieu sans confession ; avoir une confiance aveugle en qqn. Employé parfois dans un sens ironique. ❖ « Elle avait l'air si innocente qu'on aurait pu lui donner le bon Dieu sans confession. »

Que le bon Dieu te trotte ! Va au diable ! Déguerpis !

BONHOMME. Envoyer qqn (aller) au bonhomme ; (faire) déguerpir (qqn), éconduire qqn. ❖ *Fr.* Aller au diable.

S'en aller chez (su') l'bonhomme ; dépérir.

Va-t'en (va donc) chez (su') l'bonhomme ! File ! Déguerpis !

BONHOMME JOB. Pauvre comme le bonhomme Job ; d'une grande pauvreté. ❖ *Fr.* Pauvre comme Job.

BONJOUR. Simple comme bonjour ; très simple, très facile. ❖ « Enseigner, après tout, c'est simple comme bonjour. »

BONNE. En pousser (lâcher, sortir) une (des) bonne(s) ; proférer une (des) énormité(s).

Mettre son bonne ; mettre son nom sur la liste (des joueurs).

BONNES ANNÉES. Saoul comme dans les bonnes années ; ivre mort.

BONNETER. Se laisser bonneter ; se laisser amadouer, leurrer. BONNETER [étym.] : « donner des coups de bonnet », c'est-à-dire posséder qqn par des bassesses. ❖ « La pauvre femme, elle s'est bien laissée bonneter par son sans-cœur de mari. »

BONNETTE. Être en bonnette. Se dit d'une élévation au-dessus de laquelle flottent des nuages. ❖ « Il va pleuvoir, le mont Royal est en bonnette. »

BON PAIN. Bon comme du bon pain. Se dit d'une personne d'une grande bonté, d'une grande tendresse. S'emploie en France.

BON SENS. Ne pas être dans son bon sens ; avoir l'esprit dérangé.

BOQUE. Faire son boque [*angl.* « buck », mâle] ; faire son homme, faire le fanfaron.

BOQUÉ. Faire le (son) boqué [*angl.* « to buck », ruer] ; s'entêter, s'obstiner (se dit notamment d'un enfant).

BORD. Prendre le bord ; fuir, filer.

Prendre son bord ; aller son chemin, se faire rabrouer.

BOSS. **Faire le (son, son p'tit)** *boss* **(des bécosses)** [*angl.* patron]; régenter.

BOSSER. Se faire bosser (bosser) ; se faire régenter, dominer (régenter). ❖ « J'suis donc tanné de me faire bosser par Pierre, Jean, Jacques. »

BOSSU. Chanceux comme un bossu (qui perd sa bosse) ; très chanceux (malchanceux). Dans la croyance populaire, le bossu est béni par la chance, chance qu'il peut communiquer à qui le touche.

Fier comme un bossu ; très fier, prétentieux.

Rire comme un (des) bossu(s) ; rire à gorge déployée.

BOTCHAGE. Faire du botchage ; accomplir qqch. à la hâte, mal accomplir une tâche.

BOTCHE. Faire de (faire qqch. à) la botche [*angl.* « to botch », cochonner, bousiller] ; cochonner qqch., faire qqch. à moitié.

Fumer une (des) botche(s) [*angl.* « butt », mégot] ; fumer un mégot.

BOTCHER. Botcher une job ; faire un travail à la va-vite ❖ *Fr.* Bousiller un travail.

BOTTE. Être botte ; être fort à qqch., costaud.

Être une bonne botte ; être bonne baiseuse.

Faire noir comme dans une botte ; être dans l'obscurité complète.

Gros comme ma botte ; de très petite taille, minuscule. ❖ « Même s'il était gros comme ma botte, ce chihuahua jappait comme un vrai bouledogue. » ❖ *Fr.* Gros comme trois pommes.

Pas plus... que ma botte ; très peu, à peine. ❖ « Il n'était pas plus fort que ma botte et il voulait quand même soulever ce cheval. »

Plein (saoul) comme la (une) botte ; ivre mort. ❖ *Fr.* Saoul comme un cochon.

Prendre une (sa) botte ; baiser, pour un homme.

Tirer une botte à l'œil ; se masturber.

BOTTE DE FOIN. Avoir la tête en botte de foin ; avoir les cheveux en broussaille.

BOTTES. Chier dans ses bottes ; avoir peur, prendre panique.

Cirer ses bottes ; s'apprêter à mourir.

Connaître qqn, qqch. comme ses bottes ; connaître parfaitement qqn, qqch.

Donner ses bottes à qqn ; congédier, remercier qqn.

En avoir plein ses bottes ; en avoir assez, être exaspéré. ❖ *Fr.* En avoir ras le bol.

Graisser (remuer, moucher) ses bottes ; se dépêcher, se hâter.

Pisser dans ses bottes ; paniquer, commettre une erreur.
❖ *Fr.* Pisser dans son froc.

Se mouver [*angl.* « move », bouger] **les bottes ;** se remuer.

Tomber en bottes ; tomber en ruine, en décrépitude.
❖ « ...on pouvait toujours point rester à se faire craquer les joints et à se licher les babines dans c'te vieille cambuse qui timbait en bottes... » Louis Fréchette, *Contes de Jos Violon.*

Tremper ses bottes ; s'enivrer.

BOTTINE. Faire de l'esprit de bottine ; lancer des plaisanteries niaises, grossières.

Ne pas avoir les deux pieds dans la même bottine ; être débrouillard, éveillé.

BOTTINES. Déménager ses bottines ; se remuer, être rapide, dynamique.

Ne pas se pisser sur les bottines ; ne pas manquer de virilité.

BOUCANE. Pelleter de la boucane ; perdre son temps à des occupations oiseuses.

BOUCHÉ. Être bouché des deux bouts ; ne pas vouloir entendre raison.

BOUCHON. Avaler le bouchon ; vivre au-dessus de ses moyens. ❖ « Il a fait faillite parce qu'il a avalé le bouchon. »

BOUDIN. Faire du boudin ; bouder (se dit notamment d'un enfant).

Plein comme un boudin ; fortuné, riche.

BOUGRER. Se bougrer à terre ; se jeter par terre.

BOUILLIE. Canner devant la bouillie qui renverse ; fuir la difficulté, les problèmes. ❖ « Mais, Jos Violon a pas l'habitude – vous me connaissez – de canner devant la bouillie qui renverse... » Louis Fréchette, *Contes de Jos Violon.*

De la bouillie pour les chats ; embrouillé, déconcertant. En France : travail gâché, tâche mal faite.

Ne pas être de la bouillie ; ne pas être facile.

BOUILLIR. Commencer à bouillir sous la pelouse ; avoir l'esprit dérangé.

BOULE. Arriver comme une boule dans un jeu de quilles ; arriver mal à propos. ❖ *Fr.* Arriver comme un chien dans un jeu de quilles.

Faire de la boule ; divaguer.

Perdre la boule ; perdre l'esprit, perdre tout bon sens.

BOULEAUX. Monter dans les bouleaux ; miser des sommes extravagantes au jeu. ❖ « Après être monté dans les bouleaux, il a dû se retirer du jeu. »

BOULECHITTE. Faire de la boulechitte [*angl.* « bullshit », foutaise] ; bâcler un travail, dire des foutaises.

BOULECHITTEUR. Être un (faire le, son) boulechitteur ; être (faire le) fanfaron, faire de l'esbroufe.

BOULEDOGUE. Arriver en bouledogue ; arriver en trombe. ❖ *Fr.* Arriver en coup de vent.

BOULES. Saoul comme des boules ; ivre mort.

BOUQUET. C'est le bouquet ! C'est le comble ! De celui qui est déconcerté par une situation. Le bouquet, c'était autrefois la tête d'un arbre ou l'amas de branches liées que l'on déposait, conformément à une vieille coutume française, au faîte d'un bâtiment ou d'une maison qu'on venait d'achever, et qui était censé porter chance.

Planter le bouquet ; mettre un terme à un travail. Allusion à la coutume évoquée précédemment.

BOURRÉ. Être bourré aux as ; avoir les poches pleines d'argent. ❖ *Fr.* Plein de fric.

BOURREAU. Travailler comme un bourreau ; trimer dur, travailler sans relâche. BOURREAU [étym.] : « bourrer » (maltraiter). ❖ *Fr.* Être un bourreau de travail.

BOURRÉE. Donner une bourrée ; décupler d'efforts

dans l'accomplissement d'une tâche. ❖ « Il a fallu donner une bourrée dans le ménage avant l'arrivée de la visite. »

BOURRÉES. Travailler par bourrées ; travailler par à-coups, par périodes intenses.

BOUT. Être à bout d'âge ; arriver au bout de sa vie, être âgé.

Ne pas avoir de bout ; d'un enfant dont l'espièglerie ou l'agitation paraît sans limite.

Se lever (du lit) le gros bout le premier ; se lever de mauvaise humeur. ❖ « Ce matin-là, notre curé s'était, comme disent nos campagnards, levé du lit le gros bout le premier. » Rodolphe Girard, *Marie Calumet*. ❖ *Fr.* Se lever du mauvais pied.

Se lever du mauvais bout ; se lever de mauvaise humeur. ❖ « La mère s'est levée du mauvais bout ce matin, pas moyen de lui faire entendre raison. »

Tenir son bout (de la couverte [couverture]**) ;** défendre son point de vue, ses intérêts avant tout.

BOUTEILLE. Être porté sur la bouteille ; aimer l'alcool, s'enivrer.

BOUTEILLES. Vendre ses bouteilles ; gagner de l'argent. Allusion à la vente de bouteilles consignées de boisson gazeuse par les enfants afin d'amasser de l'argent de poche.

BOUTON. Casser (manger) son bouton ; s'enivrer.

BOUTONS À QUATRE TROUS. Ne pas avoir inventé les boutons à quatre trous ; être peu éveillé. Parfois, sous forme de boutade. ❖ « Il n'a pas inventé les boutons à quatre trous, ce petit Jean Lévesque. »

BOUTS. Rejoindre (ne pas rejoindre) les deux bouts ; résoudre (ne pas résoudre) ses difficultés financières.

BOUTTE. Atteindre le (arriver, être au) boutte [bout] **du boutte ;** arriver à la dernière extrémité, toucher le fond, atteindre le bout de l'exaspération. ❖ « Il était au boutte du boutte ; imagine : se faire insulter aussi grossièrement. »

C'est au boutte [bout] **!** C'est extraordinaire, formidable ! Dans le langage de la jeunesse. ❖ *Fr.* C'est super !

C'est le boutte [bout] **(de toute, de la marde, de la fin, du boutte, du cul) ;** c'est incroyable, le comble. ❖ « ...le Diable finira dans la peau d'un sénateur, ce qui est le bout d'la marde pour le Malin. » V.-L. Beaulieu, *Manuel de la petite littérature du Québec.* ❖ *Fr.* C'est la goutte d'eau qui fait déborder le vase ; c'est la fin des haricots.

Virer boutte pour boutte ; faire volte-face, perdre la raison.

Y a (ben) un boutte [bout] **à toute** [tout] **!** Il y a une limite (à ne pas dépasser) ! C'est le comble !

BOZZES. Avoir des bozzes [*angl.* « buzz », bourdonnements] ; souffrir d'étourdissements, de confusion mentale.

BRAIN. Ne pas avoir de *brain* [*angl.* cerveau] ; ne pas avoir de jugement, de bon sens.

BRAKES. **Avoir (faire, laisser) des traces de *brakes*** [*angl.* freins] **dans ses caleçons** ; souiller son caleçon, sa petite culotte.

Boire sur les *brakes* ; boire de l'alcool à crédit.

BRANCHE. **Être grand (long) sur la branche.** Se dit d'une personne de grande taille. ❖ « Je te dis que le frère de Claudette était grand sur la branche. »

BRANCHES. **Écouter (entendre) qqch. à travers les branches** ; prendre connaissance de qqch. de manière indirecte, par ouï-dire.

BRANLETTE. **Avoir la branlette (branlotte)** ; trembler (sans arrêt), souffrir de la maladie de Parkinson. Aussi, de qqch. qui a du mou.

Se donner une branlette ; se masturber.

BRANLEUX. **Être (un) branleux** ; hésiter, lambiner. ❖ « C'est un sacré branleux, pas moyen de le convaincre de venir s'amuser avec nous en ville. »

BRAQUE. **Fou comme braque** ; fou de joie, écervelé. On rencontre cette expression dans le bassin aquitain (France), avec le sens d'avoir mauvais caractère, d'être revêche, toqué : *aquet omi qu'ey drin brac.* ❖ *Fr.* Fou à lier.

BRAS. **Aimer gros comme le bras** ; aimer intensément.

Ami(s) gros comme le bras ; ami(s) indéfectible(s). Se dit souvent après coup, par décision, d'une amitié trompée. ❖ « Il m'avait pourtant juré qu'il était mon ami gros comme le bras, cet écœurant. »

Avoir le bras long ; être voleur. En France : avoir de l'influence. ❖ « Ce gars avait le bras long, aussitôt qu'on le laissait seul, quelque chose disparaissait. »

Coûter un bras ; coûter très cher. ❖ « Ça ne va pas te coûter un bras, seulement quelques dollars additionnels. »

Faire du tordage de bras ; obliger qqn à céder par la persuasion ou la force.

Long comme le bras ; très long, beaucoup. ❖ « Il sacrait long comme le bras, à tel point que le curé a dû l'obliger à sortir de l'église. »

Tordre (se faire tordre) un bras ; force qqn (à céder, être forcé de céder). ❖ « J'veux pas te tordre un bras, tu sais, mais j'aurais besoin que tu m'aides. » Denys Arcand, *Réjeanne Padovani.*

BRASSE. Y avoir qqch. à la brasse ; y a voir qqch. en quantité.

BRASSE-CAMARADE. Faire (y avoir) du brasse-camarade ; remuer, secouer les gens (de leur torpeur).

BRÈCHE. Il y a une brèche [eu.]. Être timbré.

BRETELLES. C'est une autre paire de bretelles ! C'est autre chose, une autre question. ❖ *Fr.* C'est une autre paire de manches !

Se faire péter les bretelles ; se réjouir (de son succès), se complaire. ❖ « Le père Bastoque se faisait péter les bretelles chaque fois qu'un pauvre diable se cassait la gueule dans la courbe en face de chez lui. »

BRETTER. Passer son temps à bretter ; perdre son temps (à bavarder), musarder. BRETTER [étym.] : se battre à l'épée.

BRIC-À-BRAC. Être amanché [emmanché] **en bric-à-brac** ; porter des vêtements mal seyants, avoir de mauvais outils, mal se débrouiller. ❖ *Fr.* Être mal foutu.

BRIC ET DE BRAC. Marcher de bric et de brac ; mal fonctionner. Il s'agit vraisemblablement d'une déformation de la locution française *de bric et de broc*, qualifiant un assemblage hétéroclite d'objets.

BRIDE ABATTUE. Courir (aller) à bride abattue ; courir, faire qqch. à toute vitesse.

Recevoir qqn à bride abattue ; recevoir qqn en grande pompe.

BRIN. Manquer un brin ; avoir l'esprit dérangé.

BRIN DE FIL. Être un brin de fil ; être mince. Se dit d'une personne maigrelette.

BRIN-SUR-RIEN. Être un brin-sur-rien ; être très maigre.

BRIQUE. Attendre qqn avec une brique puis (et) un fanal. ❖ *Fr.* Attendre qqn de pied ferme.

BRISE. Faire qqch. d'une brise ; faire qqch. en vitesse, en un rien de temps. ❖ « Il a réparé ce moteur d'une brise ; quelle dextérité. »

BROCHE. Être élevé à la broche. À propos d'un enfant élevé sans soin, à la va-comme-je-te-pousse.

Être monté en broche ; avoir les jambes élancées.

BROCHE À FOIN. Une amanchure [emmanchure] **de broche à foin ;** qqch. de déglingué, de mal fait.

BROSSE. Être en brosse ; être en beuverie, ivre. L'expression pourrait venir de *brosser* qui, dans les parlers gallo-romains, signifie aller à travers les broussailles, c'est-à-dire, par extension, errer à l'aventure. Geoffrion (*Zigzags autour de nos parlers*) rappelle à ce sujet que Rabelais dans son Pantagruel emploie le mot *breusse* dans le sens de coupe de vin, gobelet, et que dans le patois angevin d'autrefois, « prendre une breusse » signifiait prendre un coup, un verre. ❖ *Fr.* Prendre une cuite.

Partir (être, s'en aller) sur la (sur une, virer, revirer une) brosse ; se lancer dans une beuverie.

BROUCHETEBROUCHE. Faire qqch. brouchete-brouche ; mal faire qqch., faire qqch. sans soin.

BROUE. Aller à la (prendre une) broue ; aller prendre un coup, boire, aller à la taverne.

Faire (péter) de la broue (pas de savon) ; se vanter sans raison, faire de l'esbroufe, parler à tort et à travers. ❖ *Fr.* Lancer de la poudre aux yeux.

Péter une broue à (avec) qqn ; bavarder, converser avec qqn. ❖ « Sur le chemin du retour, j'ai pété une broue avec un ancien camarade d'école. »

Avoir la broue au toupet ; être en sueur.

BRÛLÉ. Être brûlé (se faire brûler) ; être exténué, vanné, être démasqué (se faire démasquer).

BRUME. Perdre qqn dans la brume ; semer qqn, perdre qqn de vue.

BRUN. Faire brun ; faire sombre. Se dit également du crépuscule.

B. S. Être un (sur le) B. S. Être (un) bénéficiaire du « bien-être social », de l'assistance sociale. En France : prestataire de la sécurité sociale.

BÛCHE. Ronfler (dormir) comme une bûche ; dormir d'un sommeil profond.

Se tirer une bûche ; prendre place, emprunter une chaise. Autrefois, les ménages modestes se servaient de bûches pour s'asseoir, d'où l'expression. ❖ « Entre donc, tire-toi une bûche, y a pas de gêne ! »

BÛCHERON. Manger comme un bûcheron ; s'empiffrer.

BÛCHES. Un froid à fendre les bûches ; un froid intense.

BUNCH. **Travailler à la *bunch*** [*angl.* paquet] ; couper le bois au tas, être rémunéré au tas. ❖ « Au chantier, il aimait mieux travailler à la *bunch* qu'à la corde. »

BUSY BODY. **Être (un, faire son) *busy body*** [*angl.* affairé] ; être affairé, besogneux, nerveux.

BUTIN. Faire son butin ; faire son trousseau de mariage, préparer ses bagages.

BUTOR. Avoir les jambes comme un butor ; avoir les jambes élancées.

ÇA. Donner ça à qqn ; engueuler qqn, lui donner une raclée.

Lui (y) donner ça ! Foncer, donner toute son énergie, fournir un surcroît d'efforts (pour accomplir qqch.).

Se faire câler (conter) ça (câler, conter ça à qqn) ; se faire chicaner, gronder (chicaner qqn).

CABASSÉ. Avoir l'air cabassé ; avoir l'air abattu.

CÂBLES. Tendre les câbles ; décupler d'efforts (dans l'accomplissement d'une tâche).

CABOCHE. En avoir dans la caboche ; être intelligent, érudit.

CADEAU. Ne pas être un cadeau ; être difficile, turbulent (notamment un enfant), difficile à vivre. ❖ « Travailler par une chaleur pareille, en juillet, c'est pas un cadeau ! » ❖ *Fr.* Ne pas être donné.

CADRAN. Brasser (se faire brasser) le cadran ; admonester qqn (se faire admonester).

Organiser (se faire organiser) le cadran ; violenter qqn (se faire violenter).

CAGE. Brasser (se faire brasser) la cage ; semoncer qqn (se faire semoncer).

CAILLOU. Nager comme un caillou [iron.] ; ne pas savoir nager.

CALEÇONS. Tourner de côté dans ses caleçons [eu.] ; se faire malmener. ❖ « Veux-tu tourner de côté dans tes caleçons ? Décampe si tu ne veux pas le regretter ! »

CALIFOURCHON. Avoir le califourchon fendu long. Se dit d'une personne de haute taille, qui a de longues jambes.

CALL-DOWN. **Donner son** *call-down* [*angl.* enguirlander] **à qqn** ; éconduire un prétendant.

CALOTTE. Faire de la calotte ; avoir l'esprit dérangé. *Fr.* Être maboule.

CALVAIRE. Être (se mettre) en (beau) calvaire ; être (se mettre) en colère, en furie.

CAMIONS. Neiger à pleins camions ; neiger à grosses bordées.

CAMP. Débarrasser le camp ; déguerpir. ❖ « Débarrasse le camp, on ne veut plus te voir ici ! » ❖ Fr. Débarrasser le plancher.

Sacrer le (sacrer, bougrer son) camp ; filer, déguerpir.

Parfois, à la forme impérative (fam.) : « Sacre ton camp ! » pour : Va-t'en, déguerpis !

CANARD. Sentir le petit canard (à) la patte cassée ; empester. ❖ *Fr.* Sentir le hareng saur.

CANAYEN. Ça prend du canayen [canadien] **(pour faire qqch.) ;** ça prend du courage, de l'audace (pour faire qqch.).

Parler en canayen ; parler québécois, français.

Se dégourdir le canayen ; se revigorer, notamment avec de l'alcool, se secouer. ❖ « C'est ça qui vous dégourdissait le canayen, un peu croche ! » Louis Fréchette, *Contes de Jos Violon.*

Se dévisser le canayen ; se remuer. ❖ « Quand ils se décideront à se dévisser le canayen, ils vont sûrement se sortir du trou. »

Se faire brasser (passer) le canayen ; se faire secouer, malmener.

Se faire maganer (rabattre) le canayen ; se faire malmener, rabrouer. ❖ « Il s'est fait rabattre le canayen par le professeur pour son travail bâclé. »

Se mouiller le canayen ; formule plaisante pour « boire de l'alcool ».

CANI. Sentir le cani ; sentir le moisi.

CANISSE. Brasser (se faire brasser) la canisse [*angl.* « canister », contenant] ; admonester qqn (se faire admonester).

En avoir dans la canisse ; déborder d'énergie, de ressources, d'espièglerie (se dit notamment d'un enfant).

CANNELLES. Avoir de grandes cannelles ; avoir de longues jambes.

CANNES. Avoir des (de grandes) cannes (sèches, à balai) ; avoir de longues jambes.

Avoir des cannes de quêteux ; avoir les jambes maigres et élancées.

Se faire aller (mouver) les cannes (cannelles) ; se remuer, se démener.

CANNES À PÊCHE. Être monté sur des cannes à pêche ; avoir les jambes élancées.

CANON. Tirer comme un canon ; tirer avec force.

CANOT. Envoyer qqn faire un tour de canot ; envoyer qqn à la noyade. Menace à peine voilée proférée notamment par la petite pègre.

CANTER. Aller se canter ; aller se coucher.

Canter une femme ; baiser une femme.

CAPABLE. Être capable sur tout ; exceller en tout.
❖ « Une veuve à l'herbe, capable sur tout, p'is bon cordon bleu à part ça. »

CAPABLES. En sortir des capables ; proférer des énormités.

CAPELAN. Maigre comme un capelan ; maigrichon. CAPELAN : petit poisson argenté que l'on pêche le long de nos rives. On dit d'ailleurs « le capelan qui roule » parce qu'une fois l'an, des bancs entiers de ce poisson viennent rouler sur les grèves de Gaspésie, apportant une véritable manne annuelle aux riverains. On s'en sert également comme appât ou boëtte pour la pêche à la morue.

CAPINE. Porter la capine ; être religieuse, aussi, surnom de la religieuse. À noter que la « capine » [capeline] n'est plus guère portée de nos jours.

CAPOT. Changer (virer) son capot de bord ; changer d'idée, d'allégeance. CAPOT : autrefois, épais pardessus d'étoffe ou de fourrure qui allait jusqu'aux genoux. Au Québec, il désigne un paletot à capuchon, jadis fabriqué en étoffe du pays, qui se porte en hiver. Grand manteau. Ainsi, capot de chat : manteau de fourrure de chat sauvage. Originalement, terme de marine désignant une pièce de toile protégeant les objets de la pluie, et une redingote à capuchon protégeant des intempéries. Étymologiquement, capot (XVIe siècle) est un diminutif de cape (Grandsaignes d'Hauterive, *Dictionnaire d'ancien français*). L'expression est légèrement péjorative. Qualifie notamment qqn qui change d'allégeance politique ; en effet, autrefois, l'attitude généralement conservatrice de la population ne tolérait guère que l'on s'avisât de changer de parti. D'ailleurs, de celui qui change ou vire son capot de bord, on dira volontiers que c'est un vire-capot, c'est-à-dire plus ou moins un traître ou un renégat.

Qualifie également le religieux qui retourne à l'état civil.
❖ « Quand il s'est rendu compte que la vie de moine ne lui convenait pas, il a viré son capot de bord. »

En avoir plein son capot ; en avoir assez, être à bout de patience, de forces.

Faire un capot ; n'avoir aucune levée aux cartes.

Virer capot ; adopter des idées complètement opposées aux précédentes ou aux idées courantes, perdre la tête.

CAPOTÉ. Être capoté ; être fantasque, timbré.

CAPOTER. Capoter au boutte [bout] **(capoter fort) ;** déraisonner complètement, dérailler, dans la langue de la jeunesse.

CAQUET. Avoir le caquet bas ; être abattu, cafardeux.
❖ « Qu'est-ce qu'il y a, mon pit, t'as b'en le caquet bas ! » *À plein temps*, Radio-Québec. ❖ *Fr.* Avoir la mine déconfite.

Rabattre le caquet à qqn ; faire taire qqn. S'emploie en France.

Se faire rabattre le caquet ; se faire rabrouer. CAQUET [étym.] : onomatopée (XVe siècle) , « caqueter ». ❖ *Fr.* Se faire clore le bec.

CARCAN. Prendre (attraper) qqn par le carcan (chignon) du cou ; mettre la main sur qqn, se saisir de qqn.

CARÊME. Avoir (faire) une face de carême (de mi-carême) ; présenter une figure renfrognée, maussade. ❖ *Fr.* Faire triste mine.

Maigre comme un carême ; décharné.

CARILLON. Mener le carillon ; faire du bruit, du tapage.

CARPE. Ignorant comme une carpe ; ignare.

Silencieux (muet) comme une carpe ; muet, taciturne.

CARRIOLE. Être débiffé de la carriole ; avoir l'air épuisé, fourbu, ne pas payer de mine.

CARTE. Perdre la carte ; perdre l'esprit, divaguer, s'évanouir. Qualifie souvent un comportement inhabituel, des propos erratiques.

CARTE DE MODE. Ressembler à (être habillé comme, être) une (vraie) carte de mode ; être habillé élégamment, à la dernière mode.

CARTE DE VISITE. Donner sa carte (de visite) à qqn ; éconduire qqn (notamment un amoureux).

Laisser sa carte de visite. D'un animal domestique qui laisse ses déjections à la vue (dans une maison, etc.).

CASAQUE. Tourner (virer) casaque ; changer du tout au tout d'opinion, d'attitude, perdre l'esprit.

CASH. **Balancer le *cash*** [*angl.* caisse enregistreuse] ; compter la recette (en fin de journée, notamment).

Passer (qqn) au *cash* ; payer son dû, recevoir sa juste part, son juste châtiment. ❖ « Amenez-en des Libéraux, on va les passer au *cash*, nous autres. » Brian Mulroney, dans un reportage télévisé, Radio-Canada.

Prendre qqch. pour du *cash* [*angl.* espèces] ; croire naïvement qqch. ❖ « Pauvre vieille, tu prends toutes les paroles de ta fille pour du *cash* quand c'est toutes des menteries. »

CASQUE. Avoir du casque ; avoir du front, de l'audace, être sans gêne.

Chauffer (se faire chauffer) le casque ; réprimander (se faire réprimander) vertement.

En avoir dans le casque ; être ivre. Aussi, d'un enfant espiègle, agité.

En avoir plein le (son) casque ; être exaspéré, être à bout de patience, de forces. ❖ *Fr.* En avoir ras le bol, en avoir soupé.

Parler à qqn dans le casque ; chicaner, chapitrer qqn.

CASSOT. Donnes-y cassots ! Vas-y, remue-toi ! Redouble d'efforts !

Maigre comme un cassot ; maigrelet. Au Québec, CASSOT : cornet (de crème glacée). ❖ *Fr.* Maigre comme un clou.

Sec comme un cassot. Se dit d'une personne grande et maigre.

CASSURE. Ce n'est pas une cassure ! Ce n'est pas pressant, urgent. ❖ *Fr.* Y a pas le feu !

CASTAGNE. Se coucher comme Castagne ; se coucher tout habillé.

CASTONGUETTE. Faire marcher la castonguette ; utiliser la carte d'assurance-maladie du Québec. D'après le nom d'un ex-ministre des Affaires sociales du Québec, Claude Castonguay.

CATALOGNE. S'enfarger dans la catalogne ; s'empêtrer, s'enliser dans ses propos, dans ses manières. CATALOGNE : couverture de lit faite de retailles d'étoffe.

CATAPLASME. Être un cataplasme sur une jambe de bois ; inefficace, stérile. ❖ « Quarante millions sur dix ans pour les femmes battues, c'est un cataplasme sur une jambe de bois. » Pauline Marois, dans un reportage télévisé, Radio-Canada.

CATARSES. Mouve-toi les catarses [*angl.* « gaiters », guêtres] **!** Grouille-toi ! Remue-toi !

CATAUD. Être habillée (attriquée) comme (comme une, en) cataud ; être mal habillée, mal accoutrée.

CATHOLIQUE. C'est pas catholique ! C'est inconvenant, répréhensible !

Être (un, une) catholique à gros grain ; être catholique de façade, de nom seulement.

Être plus catholique que le pape ; être trop consciencieux, trop honnête. On dit aussi, sous forme de précepte : « Il faut pas être plus catholique... »

Parler catholique ; parler français. ❖ « Qui c'est ça, cet agrès-là, qui parle même pas catholique ! » *Le Grand Jour*, Radio-Canada.

CATOCHE. Habillée comme catoche (catouche) ; mal accoutrée.

CAUSEUSE. Faire de la causeuse ; s'asseoir en amoureux au salon.

CAVALIER. Laisser (abandonner, renvoyer) son cavalier ; éconduire son amoureux.

CAVE. Avoir de l'eau dans sa (la) cave [eu.] **;** porter un pantalon trop court.

Être cave ; être benêt, naïf. ❖ « Sois pas cave ! Accepte ce qu'il te donne. » *Le Grand Jour*, Radio-Canada.

CEINTURE. Être en pleine ceinture. D'une femme enceinte.

CELA. C'est dans le très cela ! C'est imposant, impressionnant !

CENNE. Gros comme ma cenne [cent] **;** minuscule, infime. ❖ « Engoncé entre Sainte-Thècle et Sainte-Ursule, ce village gros comme ma cenne possède quand même son centre commercial. »

Même pas avoir une cenne noire (une cenne pour s'acheter *La Presse*) ; être démuni, sans le sou. D'après le nom du grand quotidien montréalais.

Ne pas avoir une cenne qui l'adore (une cenne en avant de soi, devant soi) ; être sans le sou, fauché. ❖ *Fr.* Fauché comme les blés.

Planche comme une cenne. Se dit d'une surface, et notamment d'une mer, totalement plane, unie. ❖ *Fr.* Une mer d'huile.

Propre comme une cenne neuve ; immaculé.

CENNES. Être assis près de ses cennes ; être avare.

Être au bout de ses cennes (de la cenne) ; être à court d'argent.

Être proche de (être pogné [poigné] après) ses cennes ; être avare, grippe-sou.

Fendre (séparer) les cennes en deux ; être pingre, radin.

CENTAINE. Ne pas avoir de centaine ; ne pas comprendre, ne pas avoir de jugement. CENTAINE, brin qui lie ensemble tous les fils d'un écheveau (Littré) ; dans la langue maritime, câblot servant à lier des paquets de petits cordages.

Ne pas trouver (avoir perdu) la centaine. Ne plus savoir où on en est. Ne pas pouvoir trouver la solution.

Perdre la centaine ; perdre le fil (de sa pensée, de la couversation, etc.), s'embrouiller.

CENT ANS. Jamais dans cent ans ; jamais. ❖ *Fr.* Jamais de la vie ; jamais au grand jamais.

CENT MILLES. Battre qqn (qqch.) cent milles à l'heure ; surclasser nettement qqn (qqch.). ❖ « Ce nouveau malaxeur bat cent milles à l'heure l'ancien modèle. »

CENT WATTS. C'est pas une cent watts ! Il est peu perspicace, peu intelligent.

CERISE. C'est la cerise sur le gâteau (sundæ) ! C'est le comble !

Faire sauter la cerise (d'une fille) ; dépuceler une jeune fille. Calque de l'anglais *to cop her cherry*.

Perdre (garder) sa cerise ; perdre (conserver) sa virginité.

Péter la cerise à qqn ; donner une raclée à qqn.

Se faire péter la cerise ; se faire tabasser, se faire déflorer. ❖ *Fr.* Se faire régler son compte.

Se péter la cerise ; tomber, échouer. ❖ « Ça se pourrait que tu te pètes la cerise dans un escalier. »

CERVELLE D'OISEAU. Avoir une cervelle d'oiseau ; être étourdi, puéril.

CHAISE. Tomber en bas de sa chaise ; être estomaqué.

CHAMEAU. Avoir l'air chameau ; avoir l'air nigaud, bête. Se dit notamment d'une femme à l'allure dégingandée.

CHAMP. Prendre le champ ; faire une embardée, quitter accidentellement la route.

CHAMP-DE-MARS. Avoir déjà été au Champ-de-Mars après neuf heures ; avoir l'expérience de la vie. Populaire, notamment dans la région montréalaise.

CHAMP DE TRÈFLE. Être (jouer) dans le champ de trèfle de qqn ; tenter de ravir le (la) partenaire de qqn.

CHAMPION. C'est champion ! C'est formidable ! Épatant ! ❖ *Fr.* C'est super.

CHANDELLE. Devoir une chandelle à sainte Anne ; être redevable à sainte Anne (pour une faveur quelconque).

Passer comme une chandelle ; mourir paisiblement, sans souffrance.

CHANDELLES. Donner qqch. pour des chandelles ; céder qqch. pour presque rien en retour. ❖ « J'vas pas donner mes filets pour des chandelles. » Un pêcheur gaspésien.

CHANGE. Avoir (donner, rendre) son change ; rabrouer (se faire rabrouer) de manière méritée. ❖ *Fr.* Recevoir (donner) la monnaie de sa pièce.

Change pour change ! Telle chose pour telle autre. Se dit d'un troc apparemment équitable. Aussi, d'une revanche méritée. ❖ « Je te donne mon manteau change pour change pour ta veste. »

CHANSON. Chanter (se faire chanter) une chanson ; flatter, amadouer (se faire flatter, amadouer).

CHANTIER. Faire chantier ; organiser un chantier forestier.

CHAPEAU. Donner son chapeau à qqn ; éconduire un amoureux.

Faire du chapeau ; divaguer. La tradition veut qu'il y eut autrefois une chapellerie montréalaise dont les chapeaux imbibés de produits toxiques causèrent la folie de nombreux clients, d'où l'expression. ❖ *Fr.* Travailler du chapeau.

Faire le tour du chapeau ; compter trois buts dans un match de hockey.

Parler à travers son chapeau ; parler à tort et à travers.

Parler au chapeau ; allonger la conversation.

Pouvoir passer en chapeau de castor sous le poêle ; être de petite taille.

Travailler du chapeau ; être timbré.

CHAPELET. Dire le (des) chapelet(s) ; blasphémer (à profusion).

CHAR. Être greyé [gréé] de char [*angl.* « car », voiture] ; avoir une bonne automobile, une automobile dispendieuse.

Scrapper [*angl.* « to scrap », bousiller] **un char ;** bousiller une voiture.

Y en avoir un char (et) puis une barge ; y en avoir beaucoup, abondamment.

CHARBON. Avoir le charbon ; souffrir du diabète.

Noir comme du (un) charbon ; obscur, noir.

CHARITÉ. Être (vivre) sur la charité ; bénéficier de l'assistance sociale.

CHARLOT. Prendre un charlot ; prendre un verre d'alcool. Jadis, CHARLOT, c'était Satan, et en France, le surnom que l'on donnait au bourreau.

CHARRETTE. Être magané de la charrette ; être harassé, courbaturé.

CHARRIER. Charrie pas ! N'exagère pas !

Faut pas charrier ! Il ne faut pas exagérer ! À qui dépasse la mesure.

CHARRUE. Mettre la charrue avant le cheval ; brûler les étapes. ❖ *Fr.* Mettre la charrue devant les bœufs.

CHARS. Aller comme les chars ; aller rondement, ponctuellement.

Avoir (déjà) vu passer les gros chars ; posséder l'expérience de la vie.

C'est pas les (gros) chars (avec les roues) ! C'est banal, ordinaire. ❖ *Fr.* C'est pas le Pérou !

CHASSE. Faire la chasse avec un fusil pas de plaque ; s'imposer là où on n'est pas le bienvenu.

CHÂSSIS. Courir les châssis ; aller lorgner par la fenêtre des voisins ; pour un jeune homme, aller reluquer les jeunes filles à travers les fenêtres des maisons.

Porter des châssis doubles [contre-fenêtres] ; porter des lunettes.

CHAT. Avoir le dos rond comme un chat ; avoir le dos voûté.

Avoir un chat dans la gorge ; avoir la gorge enrouée.

Pas un chat ; personne. ❖ *Fr.* Pas âme qui vive.

Sournois comme un chat ; hypocrite.

Vif comme un chat ; alerte, agile.

CHATTE. Avoir une mémoire de chatte ; n'avoir aucune mémoire.

Chaude comme une chatte en chaleur. Se dit d'une femme sensuelle.

Être chatte ; être sensuelle (d'une femme).

Inquiet comme une chatte qui pisse dans le son ; être angoissé, effarouché, sur le qui-vive.

Jalouse comme une chatte. Se dit d'une femme très jalouse. ❖ *Fr.* Jalouse comme une tigresse.

Une chatte n'y retrouverait (reconnaîtrait) pas ses petits ; inextricable, emmêlé. ❖ « C'est tellement compliqué qu'une chatte y reconnaîtrait pas ses petits. » René Daniel Dubois, à l'émission *La Grande Visite*, Radio-Canada. ❖ *Fr.* Une poule n'y retrouverait pas ses poussins.

CHAUD. Être chaud carré ; être ivre mort.

Être chaud de la pipe ; être coureur, sensuel (d'un homme).

CHAUD LAPIN. Être (un) chaud lapin. Se dit d'un homme sensuel.

CHAUD MATIN. Être mieux de se lever de chaud matin (pour faire qqch.) ; être mieux d'y voir (pour faire qqch.). ❖ « S'il veut me faire payer, il est mieux de se lever de chaud matin. »

CHAUDASSE. Être (se sentir) chaudasse ; être gris, éméché.

CHAUDIÈRES. Mouiller comme des chaudières ; pleuvoir à verse.

CHAUSSONS. Gros comme des chaussons ; d'une taille considérable.

CHAUSSURE. Trouver chaussure à son pied ; trouver le (la) partenaire qui convient. Se rencontre aussi en France, parfois dans un sens légèrement différent.

CHEAP. **Être (faire)** *cheap* [*angl.* mesquin] ; être (faire) radin, mesquin, pauvre.

CHEMIN. Ancien comme le chemin ; très vieux, ancien.

Être (se retrouver) dans le chemin ; être ruiné.

Mettre qqn dans le chemin ; ruiner qqn.

Prendre le chemin du dimanche ; s'étouffer en avalant.

Virer en chemin ; faire une fausse couche.

CHEMINÉE. Fumer comme une cheminée ; fumer la cigarette, le cigare, sans arrêt.

CHEMINS. Courir les chemins ; rechercher les aventures galantes. ❖ *Fr*. Courir la prétentaine, le guilledou.

CHENAILLE. Aller à la chenaille ; aller à l'aventure.

CHENAILLER. Chenailler par là ; déguerpir, filer à toute vitesse. Chenailler [étym.] : faire une vie de chien.

CHENILLE À POIL. Être une (ressembler à une, avoir l'air d'une, une vraie) chenille à poil ; être disgracieux, repoussant.

CHÈQUE. Donner son chèque à qqn ; éconduire qqn (notamment, un amoureux).

Donner un chèque en blanc à qqn ; accorder toute latitude d'agir à qqn. ❖ *Fr.* Donner carte blanche à qqn.

Être un chèque raide ; être assisté social. « Nom donné aux assistés sociaux qui reçoivent du gouvernement un chèque mensuel sur lequel est écrit : s.v.p. ne pliez pas – do not fold. » Robert Cliche et Madeleine Ferron, *Quand le peuple fait la loi.*

CHER. Ne pas valoir cher la toune [*angl.* « tune », air de musique] **(la tonne) ;** avoir peu de valeur.

CHERCHER. Cherche-moi ! Exclamation de dépit : il ne faut pas y compter, il ne faut pas compter sur lui. ❖ « Moi, je lui venais en aide mais, quand j'avais besoin de lui… cherche-moi ! »

CHÉRUBIN. Dormir comme un chérubin ; dormir avec la sérénité inscrite sur la figure (notamment d'un enfant). ❖ *Fr.* Dormir à poings fermés.

CHESTERFIELD. **Faire du** *chesterfield* (*angl.* canapé) ; faire la cour, s'asseoir en amoureux au salon.

CHEVAL. Capable comme un cheval ; très fort, costaud.

Dur comme du cheval. Se dit d'une viande coriace.

…en cheval ! Exclamation marquant une intensité accrue. ❖ « Elle est belle en cheval, cette maison ! »

Être à cheval entre qqch. ou qqn (à cheval sur la clôture) ; hésiter entre qqch. ou qqn, tergiverser. ❖ « J'suis à cheval entre ma blonde et ma sœur qui se détestent. »

Être à cheval sur qqch. Tenir à une valeur, un principe quelconque. ❖ « La vieille était tellement à cheval sur les principes qu'elle a chassé son fils qui ne voulait pas l'accompagner à l'église. » ❖ *Fr.* Tenir mordicus à qqch.

Fort comme un cheval. Se dit d'une personne dotée d'une grande force physique. ❖ « Jos Monferrant était fort comme un cheval. »

Fou comme un cheval ; écervelé, étourdi.

Gros comme un cheval. D'une personne corpulente, imposante.

Habillé comme un cheval de quatre piastres ; habillé avec recherche. Autrefois, les maquignons désirant se départir d'une picouille, c'est-à-dire d'un cheval de quatre piastres, maquillaient si bien la bête qu'elle trouvait invariablement preneur, d'où l'expression.

Menteur comme un cheval. Se dit d'un menteur irréductible.

CHEVAUX. Parler aux chevaux comme un forgeron ; se faire obéir des chevaux par la parole.

CHEVEU. Arriver comme un cheveu sur la soupe ; arriver inopinément, à l'improviste. ❖ « L'oncle Alfred est arrivé comme un cheveu sur la soupe ; imaginez la réception ! »

Pouvoir fendre (couper) un cheveu (les cheveux) en quatre ; être pointilleux, d'une rigueur excessive. ❖ « Il était tellement près de ses sous qu'il pouvait fendre un cheveu en quatre lorsqu'il s'agissait de dépenser. »

Un froid à couper un cheveu ; un froid intense, sibérien.

CHEVEUX. Avoir mal aux cheveux ; se sentir cafardeux après un excès de boisson. ❖ *Fr.* Avoir la tirelire en palissandre.

Jouer dans les cheveux de qqn ; tromper, berner qqn, lui jouer un vilain tour.

Se faire jouer dans les cheveux ; se laisser tromper, enjôler, notamment, en amour.

CHEVILLE. Pousser une cheville à qqn ; faire taire, répliquer du tac au tac. ❖ *Fr.* Clouer le bec à qqn.

CHÈVRE. Courir la chèvre. Se dit d'un homme qui recherche la compagnie féminine, d'un coureur de jupon.

CHEVREUIL. Marcher en chevreuil ; marcher à quatre pattes.

Sauter comme un chevreuil ; sauter avec agilité, sauter haut.

CHIANT. Être chiant (chien) en culotte ; être craintif, poltron. ❖ « Il voulait faire partie du coup mais il était trop chiant en culotte. » *Six heures au plus tard*, Radio-Canada.

CHIC *AND SWELL*. C'est chic *and swell* [*angl.* convenable] ! Façon plaisante de dire que qqch est impeccable, parfait.

CHICANE. Il y a de la chicane dans la cabane ! Il y a du chahut, il y a de la bagarre dans l'air, dans la maison !

CHICANEUX. Être chicaneux ; être chicanier.

CHICOT. Maigre comme un chicot ; décharné. ❖ « Après deux semaines de jeûne, il était maigre comme un chicot. »

CHICOTS. Avoir des (de grands) chicots ; avoir les jambes élancées.

CHIEN. Attendre le chien jaune ; attendre l'accouchement, être enceinte.

Avoir du chien (dans le corps, dedans) ; être rusé, plein d'énergie, fonceur, endurant. ❖ *Fr.* Avoir du cœur au ventre.

Avoir une mémoire, un courage, une persévérance, etc., de chien ; etc., remarquable, considérable. ❖ *Fr.* Avoir une mémoire d'éléphant.

Donner à qqn un chien de sa chienne ; apostropher, se venger de qqn. La chienne désignait autrefois le petit banc ou la selle à trois pieds en usage dans les chantiers. ❖ « Lui, ce salaud, je lui ai donné un chien de ma chienne. »

Être humiliant, beau, etc., en chien ! Très, à l'extrême.
❖ « Mais c'est vrai que je m'affaisse vite. C'est humiliant en chien. » Robert Baillie, *Des filles de Beauté.*

Être (faire le) chien ; être (agir en) salaud, sans cœur.

Être un chien mouillé ; être peureux, pleutre.

Faire le chien ; agir en salaud, en mesquin.

Foquer (focailler) [*angl.* fuck, baiser] **le chien ;** perdre son temps, paresser. ❖ « Chanteuse, c'est assez, arrête de fucker le chien, viens-t'en chanter. » Pierre Foglia, « Marjo, je t'aime », *La Presse*, juin 1987.

Fourrer le chien ; vivoter, besogner à droite et à gauche, mal faire un travail, paresser.

Malade comme un chien ; très malade.

Marcher comme un chien qui va à vêpres ; aller, avancer à contrecœur.

Noir comme chez le chien ; obscurité complète.

Partir comme un chien qui s'en va aux vêpres ; se défiler après un mauvais coup.

Pauvre comme un chien ; très pauvre.

Promettre à (garder pour) qqn un chien de sa chienne ; promettre vengeance à qqn, promettre un châtiment à qqn. ❖ *Fr.* Garder à qqn un chien de sa chienne.

Son (ton) chien est mort ; il est (tu es) perdu, condamné.

Tuer son chien ; laisser passer sa chance, abdiquer, abandonner tout espoir.

Un froid à couper un (les) chien(s) en deux ; un froid intense.

Un froid à ne pas mettre un (les) chien(s) dehors ; très froid.

Un temps de chien ; un temps maussade.

CHIEN DE POCHE. Faire le (être) chien de poche. De qqn, notamment d'un enfant, qui est toujours à la remorque d'autrui. ❖ « Jacques ne nous lâchait pas d'une semelle, un vrai chien de poche. »

Suivre qqn comme un (p'tit) chien de poche ; suivre qqn à la trace. ❖ *Fr.* S'accrocher aux basques de qqn.

CHIEN DE SAOUL. Boire son chien de saoul ; trinquer, s'enivrer.

CHIENNE. Avoir de la misère à porter sa chienne ; être paresseux, lambin. Chienne : salopette, bleu de travail.

Avoir la chienne ; avoir peur, craindre. ❖ *Fr.* Avoir la flemme.

Avoir la chienne (qui [qui lui] grimpe, monte) sur le dos ; être amorphe, fainéant.

Être chienne ; être couard, lâche. Par contraste, *être chien* : être salaud. ❖ « Il était bien trop chienne pour affronter la foule qui le huait. »

Être trop chienne pour avoir des petits ; être paresseux à l'extrême.

Faire une chienne ; faire une levée sans marquer de points aux cartes.

Mettre la chienne dehors ; aux cartes, se retirer du jeu.

CHIENNE À GIGUÈRE. Habillé comme la chienne à Giguère ; mal habillé.

CHIENNE À GRAND TEMPS. Attriqué comme la chienne à grand temps ; accoutré d'une manière ridicule.

CHIENNE À JACQUES. Attriqué (habillé) comme la chienne à Jacques ; mal accoutré.

La chienne à Jacques en (y) perdrait ses petits. Se dit d'un endroit désordonné. « Ce bureau est tellement à l'envers que la chienne à Jacques en perdrait ses petits. » ❖ *Fr.* Une poule n'y retrouverait pas ses poussins.

CHIENS. Dehors les chiens pas de médaille ! Dehors, les indésirables. Dit parfois en boutade.

Froid à couper les chiens en deux (à geler les chiens) ; très froid.

Fourrer les chiens à qqn ; dominer, contrôler qqn.

Habillée comme quatre chiens ; accoutrée d'une manière ridicule.

Les chiens vont manger de la boue ; le temps se refroidit.

Leurs chiens (ne) chassent pas ensemble ; ils se détestent.

Pauvre comme des chiens. Se dit d'une grande pauvreté.

Si froid que les chiens se réchauffent à trembler ; très froid.

Si pauvre que les chiens jappent après la lune qu'ils prennent pour une galette de sarrasin ; dans un dénuement extrême.

Si pauvre que les chiens s'accotent après *(sic)* **la clôture pour japper ;** d'une grande pauvreté.

Vent à couper les chiens en deux ; vent violent.

CHIENS DE PLÂTRE. Se regarder comme des chiens de plâtre ; se fixer, s'observer avec méfiance. ❖ *Fr.* Se regarder en chiens de faïence.

CHIER. Chier dans le dos de qqn ; ridiculiser qqn derrière son dos. ❖ « C'était un hommage que je rendais à mon père en refusant de lui chier dans le dos. » J. Bernard Faucher, « Tremblay », [paroles de Michel Tremblay] *Voir*, volume 1, numéro 19.

Chier sur la tête de qqn ; ridiculiser, insulter qqn. ❖

« J'ai renoncé à mes études le premier matin, parce qu'on a chié sur la tête de mon père. » *Ibid*.

Envoyer chier qqn ; envoyer promener qqn.

Faire chier ; exaspérer. Se rencontre en France. ❖ « Là, tu me fais chier, mon Gustave ; il faut que j'appelle. » *Six heures au plus tard*, Radio-Canada.

Ne pas aller chier loin (avec qqch.). De qqch. de peu de valeur. ❖ « Il ira pas chier loin avec une bagnole pareille. »

CHIEUX. Être chieux ; être poltron, couard. ❖ « Quel chieux ! Même pas capable de faire face à la musique. »

(Faire qqch.) sur un chieux de temps ; faire qqch. en vitesse, en un rien de temps.

CHIGNON. Avoir qqch. dans le chignon ; avoir une idée, un projet caché(e).

CHIGNON DU COU. Poigner (attraper) qqn par le chignon du cou ; mettre la main sur qqn. Calque de l'anglais *by the scruff of the neck*.

CHIOTTE. Faire la chiotte. Se dit d'une femme qui, même mariée, refuse d'avoir des enfants.

CHIQUE. Ne pas valoir une chique ; être faiblard, n'avoir aucune valeur, aucun courage.

CHIQUE-LA-GUENILLE. Être (un) chique-la-guenille ; être boudeur, rechigneur.

CHIRE. Partir sur une chire ; céder à un engouement, déraper, déblatérer. ❖ « Les critiques sont partis sur une chire : tout ce qui est québécois est maintenant à rejeter. »

Prendre une chire ; culbuter, tomber. Dans le langage maritime, CHIRER : faire une embardée.

CHNOLLES. Poigner (tenir) qqn par les chnolles [fam.] ; tenir qqn bien en main. CHNOLLES : testicules.

Se brasser les chnolles ; se remuer. ❖ *Fr.* Se magner le frein.

CHNOUTE. Ne pas valoir de la chnoute ; ne rien valoir. CHNOUTE : excréments. ❖ « Cet emploi, ça vaut pas de la chnoute. »

Sentir la chnoute ; sentir mauvais.

CHOCOLAT. C'est chocolat ! C'est épatant !

L'affaire est chocolat ; excellent, merveilleux.

CHOTTE. Faire qqch. d'une (seule) chotte [*angl.* « shot », coup] ; faire qqch. d'un seul coup, soudainement. ❖ *Fr.* Faire qqch. en deux temps trois mouvements.

CHOUCHOU. Être le chouchou de qqn ; être le favori, le préféré de qqn (notamment de la maîtresse d'école, du professeur). ❖ « Tu n'es pas le chouchou du *coach*, hein ? » *Première ligne*, Radio-Québec.

CHUM. **Jomper** [*angl.* « jump », sauter] **son** *chum* [*angl.* ami] **;** éconduire son amoureux.

CIBOIRE. Être en ciboire ; être en colère.

CINQ CENNES. Devoir cinq cennes au bedeau. Se dit de qqn qui a la braguette ouverte.

CINQ FRÈRES. Présenter (recevoir) ses cinq frères ; donner (recevoir) une gifle.

CINQUANTE CENTS. Avoir les yeux grands comme des cinquante cents ; avoir les yeux exorbités.

CINQUANTE-SIX. Se mettre sur son cinquante-six ; mettre ses plus beaux vêtements.

CIRE. Faire de la cire ; s'évanouir.

CISEAU. Faire qqch. en criant ciseau ; faire qqch. en un rien de temps.

CITRON. Avoir (conduire, acheter) un citron ; avoir (conduire, acheter) une voiture mal conçue, déglinguée, avec des défauts cachés. De l'anglais *lemon*, mauvaise mécanique.

Jaune comme un citron ; très jaune. Se dit aussi d'une personne au teint jaunâtre. S'emploie en France.

CITROUILLE. Rond comme une citrouille ; ivre mort.

CLAQUE. Arriver avec une claque puis une bottine ; arriver dans le dénuement. ❖ « Les politiciens, ça arrive avec une claque puis une bottine et ça repart en Cadillac. »

Attraper (manger) la (sa) claque ; être éconduit, rejeté.

Avoir (recevoir) une claque dans la face ; essayer une rebuffade, un revers. ❖ « Avoir une claque dans la face le matin puis une victoire le soir, ça arrange bien les choses. » Ron Lapointe, dans un reportage télévisé, Radio-Canada.

Donner la claque à qqn ; éconduire qqn (notamment un amoureux).

Donnes-y la claque ! Vas-y, fonce ! Aussi, **donner la claque,** fournir un surcroît d'efforts.

Donner (recevoir) une claque sur la gueule ; gifler (être giflé), donner (recevoir) une raclée, subir un revers.

Manger sa claque ; essuyer une raclée, un revers, goûter à la défaite.

Rien que d'une claque ; promptement, rapidement. ❖ « Il a chargé le camion rien que d'une claque et il est retourné sur la route dans le temps de le dire. »

CLAQUES. Ôte (tchèque [*angl.* « check », vérifier]) tes claques puis arrive en ville ; réveille-toi ! Mets-toi au rythme du jour, à la page, cesse de tergiverser ! Se dit notamment à celui qui fait mine de ne pas comprendre l'évidence.

Tchèque tes claques ! Sois prudent, vigilant.

CLENCHE. Avoir la clenche (basse) ; être affamé, dépité.

CLOCHE. Avoir le cœur qui lui débat comme une cloche ; avoir des palpitations. ❖ *Fr.* Avoir le cœur qui bat la chamade.

CLOS. Prendre le clos ; quitter accidentellement la route en automobile. ❖ *Fr.* Entrer dans le décor.

CLÔTURE. Regarder par-dessus la clôture ; envier autrui. ❖ « Toute sa vie, il a regardé par-dessus la clôture et il est mort pauvre comme la gale. »

Se tenir sur la clôture ; hésiter, tergiverser. Calque de l'anglais *to sit on the fence*.

CLOU. Cassé comme un clou ; démuni financièrement. ❖ *Fr.* Fauché comme les blés.

Maigre comme un clou ; maigrichon.

Manquer un clou ; avoir l'esprit dérangé.

Ne pas avoir un clou ; être sans le sou, fauché.

Ne pas valoir un clou ; avoir peu de valeur, de force physique.

Sec comme un clou. Se dit d'une personne maigre et de haute taille. ❖ *Fr.* Maigre comme un coucou.

CLOUS. Cogner (planter) des clous ; hocher de la tête pour lutter contre le sommeil.

Froid à arracher (casser, craquer, péter) les clous ; froid intense. ❖ *Fr.* froid de canard.

Pleuvoir (tomber) des clous ; pleuvoir à verse. ❖ *Fr.* Tomber des cordes.

Raide comme des (les) clous. Se dit de cheveux, de poils dressés, rebelles.

COCHE. À côté de la coche ; dans l'erreur, dévier du droit chemin.

En avoir une coche ; en avoir beaucoup.

En payer une coche ; dépenser beaucoup d'argent, payer un gros montant.

Faire une coche que… Faire longtemps que… ❖ « Ça fait une coche qu'on ne vous a pas vu dans les parages ! »

Faire une (des) coche(s) mal taillée(s) ; faire un (des) mauvais coup(s). Se dit notamment à propos d'un enfant.

COCHON. Bête comme un cochon ; stupide, borné.

Boire comme un cochon ; boire jusqu'à s'enivrer.

Jouer cochon ; ne laisser aucune chance, n'accorder aucune faveur.

Saffe [safre] **comme un cochon ;** gourmand. Aussi, *safre* : avare, pingre.

Sale comme un cochon ; crotté. Se dit notamment d'un enfant. S'emploie aussi en France.

Se coucher comme un (en) cochon ; se coucher tout habillé.

Se paqueter comme un cochon ; s'enivrer. ❖ « T'aurais pas pu avertir que tu t'en allais te paqueter comme un cochon ? » Bernard Noël, *Les Fleurs noires*.

Saoul comme un cochon ; ivre mort.

COCHONS. Amis comme cochons ; très amis. En France (copains...), dans le sens d'être d'une familiarité excessive. ❖ « Ils étaient amis comme cochons avant cette brouille d'héritage. » ❖ *Fr.* Copains comme cochons.

Les cochons sont saouls ! Se dit pour s'excuser d'avoir laissé échapper un rot.

On n'a pas gardé les cochons ensemble ? Votre familiarité est déplacée ! Se retrouve en France. Stendhal fait dire à un personnage dans *Lamiel* (1889) : « Où est-ce que j'ai gardé des cochons avec vous, pour me tutoyer ? »

COCO. Être (un vrai) coco ; être idiot, imbécile.

Faire sauter le coco à qqn ; donner une raclée à qqn, le faire déguerpir. ❖ « Le père Labrosse a fait sauter le coco à tit-Paul, qui l'avait insulté. »

COCOLOGIE. Manquer (ne pas avoir) de cocologie ; manquer de jugement, de bon sens.

Prends ta cocologie à deux mains ! Sers-toi de ton jugement !

COCOMBE. Être (avoir l'air) cocombe [concombre] **;** être (avoir l'air) niais.

COCUS. Se faire jouer des cocus ; se faire tromper, berner.

CODINDE. Seul comme un codinde [cochon d'Inde] ; être ostracisé, esseulé. ❖ « Il était seul comme un codinde dans son coin à faire son petit travail. »

CŒUR. Avoir le cœur plus gros qu'on est gros ; être trop généreux, trop charitable.

Avoir le cœur qui danse la claquette ; avoir des palpitations. ❖ *Fr.* Avoir le cœur qui bat la chamade.

Avoir le cœur où les poules ont (où la poule a) l'œuf ; être insensible, dur.

En avoir gros sur le cœur ; avoir de nombreux motifs de récrimination.

Faire lever le cœur ; dégoûter. ❖ « Ce poisson avarié m'a fait lever le cœur. »

Rire comme un cœur ; avoir un rire angélique (notamment d'un enfant). ❖ « La petite Lucie riait comme un cœur chaque fois que son père la taquinait. »

COIN. Entrer un coin à qqn ; confondre qqn.

Habillé rien que sur un coin ; mal habillé.

Maigre comme un coin ; très maigre.

Se faire tasser (tasser qqn) dans le coin ; se faire bousculer, semoncer (bousculer, semoncer qqn).

COIN DE RUE. Avoir le visage comme un coin de rue ; bouder, faire mauvaise mine.

COLLE. Mange de la colle ! Déguerpis ! Injure.

Ne pas valoir de la colle ; ne pas valoir grand-chose (d'une personne ou d'une chose).

COLLÉ. En avoir de collé [fam.] ; être fortuné.

COLLET. Avoir le collet en roue. Se dit d'un animal qui fait le beau.

En avoir plein son collet ; en avoir assez, être excédé.

Prendre (attraper) qqn par le collet du cou ; mettre la main sur qqn. ❖ *Fr.* Prendre qqn au collet.

Virer son collet de bord ; changer de direction.

COLLIER. Être franc du (dans le) collier ; être bon travailleur.

Prendre le collier ; se mettre à la tâche. ❖ *Fr.* Reprendre le collier.

COLON. Avoir l'air colon ; avoir l'air mal dégrossi.

COLONE. Ressembler à une colone. Se dit d'une femme mal habillée. COLONE : femme de colon, de cultivateur.

COMÈTE. Ça bat la comète ! C'est fantastique, extraordinaire ! Allusion à la grande comète de 1882, dite comète de Cruls, d'après le nom de son premier observateur brésilien. Sa queue brilla longtemps après son passage dans le ciel québécois et elle frappa tellement l'imagination populaire qu'on créa l'expression. D'ailleurs, un opuscule a été publié à son sujet : A. M., *La Grande Comète de 1882*, Québec, J. N. Duquet éditeur, 1882.

COMMOTION. Ne pas avoir grand commotion ; avoir peu d'énergie, de force.

COMPAS. Avoir le compas dans l'œil ; pouvoir juger à vue d'œil des mesures. S'emploie aussi en France.

COMPOTE. Tomber en compote ; tomber en ruine, en décrépitude, se disloquer, s'évanouir.

COMPRENURE. Avoir de la comprenure ; être éveillé, comprendre facilement.

Dur de comprenure ; peu enclin à comprendre, difficile à raisonner. ❖ « Joseph est dur de comprenure, il faut lui répéter cinq fois la même chose. » ❖ *Fr.* Dur d'oreille.

Facile de comprenure ; comprendre rapidement.

Ne pas avoir grand(e) comprenure ; être peu éveillé, être borné. ❖ « Le fils de la mère Richard n'a pas grand-comprenure, il revient toujours malgré mon interdiction. »

COMPTE. Partir à son compte ; ouvrir un commerce indépendant.

CONFESSE. Aller à confesse [eu.] **;** marmonner.

Ne pas être à confesse avec qqn [eu.] ; ne pas être obligé de dire la vérité à qqn.

CONFUSIONS. Tomber dans les confusions ; perdre l'esprit, avoir une crise d'épilepsie.

CONNAISSANT. Faire son (sa, le, la) connaissant(e) ; s'enorgueillir de ses connaissances.

CONNECTIONS. Avoir des connections ; avoir des relations. Calque de l'anglais *to have connections*.

CONTENT. Manger (boire) son content ; manger (boire) à satiété.

COOL. **Être (rester)** *cool* [*angl.* sang-froid] ; conserver son sang-froid, son calme.

Prends ça *cool* **!** Ne t'emballe pas ! Conserve ton calme !

COQ. Avoir le coq à terre ; être fatigué, dépité.

Batailleur comme un coq ; querelleur.

Chanter (faire) le coq ; se vanter, plastronner. Se dit notamment d'un jeune homme qui se pavane.

Faire son (petit) coq ; faire l'important devant une personne plus âgée.

Matinal comme le coq ; très matinal, lève-tôt.

Rouge comme un coq ; rouge (de colère, de rage).

COQUETTERIE. Avoir une coquetterie dans l'œil. Se dit d'une femme qui louche légèrement. ❖ « ...un œil qui biclait un tantinet, une coquetterie dans l'œil, comme on dit galamment dans les campagnes. » Ringuet, *30 arpents*.

COQUILLE. Sortir de sa coquille ; sortir de sa gêne, de son mutisme.

CORAN. Ne pas être fort sur le Coran ; avoir l'esprit peu éveillé.

CORBEAU. Noir comme un corbeau ; très noir.

CORDE. Avoir long de corde ; posséder bien des ressources.

Chercher la corde à tourner (virer) le vent ; désirer, rechercher l'impossible. Aussi, envoyer qqn chercher la corde à tourner le vent : par amusement, demander à qqn de chercher une chimère.

Tourner la corde avant d'avoir le veau ; brûler les étapes. S'inspire d'un proverbe bien connu : Il ne faut pas tourner la corde avant d'avoir le veau.

Traîner sa corde ; être insupportable (notamment d'un enfant).

CORDE À LINGE. Passer la nuit sur la corde à linge ; passer la nuit debout, éveillé.

CORDE DE BOIS. Chanter comme une corde de bois qui déboule ; chanter mal.

CORDEAU. Dompté au cordeau. Se dit d'un cheval bien dompté, docile, obéissant à la moindre sollicitation.

CORDEAUX. (Un animal) à deux mains dans les cordeaux ; (un animal) rétif, fringant. ❖ « Il a acheté un cheval à deux mains dans les cordeaux, pas moyen de le retenir. »

Garder les cordeaux ; conserver le contrôle, l'autorité. ❖ *Fr.* Porter la culotte.

CORDE DE POCHE. Avoir les yeux en corde de poche ; avoir les yeux bridés, avoir les yeux bouffis de sommeil.

Habillé en corde de poche ; habillé pauvrement.

Raide comme de la corde de poche ; dressé, rebelle (notamment des cheveux). Allusion à la corde de chanvre qui servait autrefois à lier les ballots. ❖ « La petite a les cheveux raides comme de la corde de poche, pas moyen de les friser. »

CORDON DU CŒUR. Avoir le(s) cordon(s) du cœur qui lui traîne(nt) (trempe) dans la marde (dans l'eau, dans les tripes, en bas du lit) [fam.] ; être paresseux, nonchalant.

Avoir le cordon (la corde) du cœur slaque [*angl.* « slack », relâché] **(trop long)** ; être paresseux, apathique.

CORDONS. Porter les cordons du poêle ; porter l'un des quatre coins d'un cercueil. Allusion aux quatre poignées servant à porter le cercueil, faites d'un câble dont les deux extrémités passaient à travers deux trous pratiqués aux quatre coins.

CORNEILLE. Chanter comme une corneille ; chanter faux. ❖ « Il a été accepté dans la chorale, même s'il chantait comme une corneille. »

Noir comme une corneille. D'une personne à la chevelure très noire.

CORNES. Avoir des cornes ; souffrir de jalousie. ❖ « Quand la petite bougraise a aperçu son mari qui avait des cornes, elle s'est sauvée chez sa mère. »

Avoir un mal de cornes ; avoir un mal de tête.

Porter des cornes ; en amour, se faire supplanter par un rival, être cocu.

CORNICHON. Avoir l'air (d'un) cornichon (salé) ; avoir l'air niais. ❖ « Il n'est pas aussi cornichon qu'il en a l'air. »

Être un (beau) cornichon sans vinaigre ; être niais.

CORPS. Avoir le corps lâche ; souffrir de diarrhée.

Être un corps sans âme ; être nonchalant. S'inspire d'un personnage légendaire apparenté au diable. Se dit aussi d'une organisation par trop anonyme.

Se tenir le corps raide puis (et) les oreilles molles [fam.] ; se tenir au garde-à-vous. Se dit notamment d'une personne à la fois guindée et timide.

CORRIVEAU. Une vraie Corriveau ! Se dit d'une femme dotée de ruses et de ressorts quasi diaboliques. S'inspire du personnage de la Corriveau, une femme accusée d'avoir tué son mari en 1763 et qui est devenue légendaire.

CORTON. Gelé comme un (des) corton(s) [creton] ; transi.

CÔTES. Avoir les côtes sur le (en) long ; être paresseux, maigre.

Avoir les côtes sur le large ; être paresseux.

Avoir les côtes comme une planche à laver ; être d'une grande maigreur.

Ne pas en avoir épais sur les côtes ; être d'une maigreur excessive. ❖ « Quand il est arrivé ici, il n'en avait pas épais sur les côtes ; il n'avait que la peau et les os. »

Pouvoir voir les côtes de qqn d'un arpent ; être d'apparence maigrelette.

COTON. Recevoir un coton ; se faire rabrouer.

COTONS. Avoir des cotons de blé d'Inde ; avoir les jambes élancées.

COUCHE. Avoir (encore) la couche aux fesses ; être trop jeune, inexpérimenté.

COUCHER DEHORS. À coucher dehors ; (un nom, une histoire, etc.) bizarre, invraisemblable.

COUCHETTE. Être marié en face de la couchette ; vivre en concubinage.

COUDE. Être bloqué dans le coude ; souffrir de constipation.

COUENNE. Avoir la couenne dure ; être entêté, aguerri, persistant. ❖ « On peut dire qu'il a la couenne dure, celui-là, pas moyen de lui faire entendre raison. » « L'aliénation à l'étranger chez nous a la couenne dure. » Alain Horic, extrait d'une lettre publiée dans *La Presse*, février 1989. ❖ *Fr.* Avoir la vie dure.

Avoir la couenne épaisse ; être insensible, grossier, endurci.

Chauffer la couenne à qqn ; donner une raclée, une fessée à qqn.

Se faire chauffer la couenne ; se faire donner une fessée (notamment un enfant), se faire réprimander, bronzer au soleil. ❖ « Attends d'être de retour à la maison, je te dis que tu vas te faire chauffer la couenne par papa. »

Tomber sur la couenne ; tomber sur les nerfs.

COULEUVRES. Faire des couleuvres ; zigzaguer, déraper (en voiture, en marchant, etc.).

COUP. En payer un coup ; payer, dépenser largement.

Il y en a un vieux coup ; il y en a beaucoup.

COUPANT. Faire qqch. au plus coupant ; faire qqch. au plus tôt. ❖ « Il faut sortir cette voiture au plus coupant, le client attend à l'extérieur. »

COUP D'ARGENT. Faire un coup d'argent ; réaliser d'un coup une importante somme d'argent, notamment dans une transaction.

COUP DE COCHON. Jouer (faire) un coup de cochon à qqn ; faire une bassesse, trahir qqn. ❖ *Fr.* Porter un coup bas.

COUP DE CŒUR. Donner un coup de cœur ; décupler d'efforts.

COUP DE FUSIL. Partir en coup de fusil ; partir vitement, en trombe. ❖ *Fr.* Partir en coup de vent.

COUP DE MORT. Attraper (pouvoir attraper, frapper, poigner, prendre) son coup de mort ; s'exposer follement aux intempéries, tomber malade après s'être exposé aux intempéries. ❖ « Ne sors pas dehors par un temps pareil ! Tu vas frapper ton coup de mort. »

COUP DE PIED. Donner un coup de pied à qqn ; éconduire qqn (un amoureux).

COUP DE POING. Tirer au coup de poing ; se quereller.

COUP DE TÉLÉPHONE. Lâcher un coup de téléphone ; téléphoner.

COUP DE VENT. Se déguiser en coup de vent ; partir précipitamment, déguerpir. ❖ « Quand il a vu le curé, il a tellement eu peur qu'il s'est déguisé en coup de vent. »

COUPÉ CARRÉ. Coupé carré ; coupé net, terminé. « C'est coupé carré ! Ça doit cesser au plus coupant ! »

COUPS. Partir avec deux coups dans son fusil ; partir avec tous les atouts en main.

COUPS DE PIED. Donner des coups de pied au soleil ; faire la fête.

Marcher à coups de pied ; n'avancer que sous la contrainte, sous les coups. Ainsi, d'un véhicule qui tombe toujours en panne.

COURANT D'AIR. Il y a un courant d'air. Boutade pour dire qu'un propos est exagéré ou déplacé.

Se déguiser en courant d'air ; disparaître de sa vue, déguerpir. ❖ « Déguise-toi en courant d'air, on ne veut plus te voir ici. »

COURSE. Aller à la fine course ; aller à toute vitesse.

COURT. Cracher court ; être saoul. S'inspire d'une croyance populaire.

Piquer au plus court ; abréger, prendre le plus court chemin. ❖ « Ce qui fait, pour piquer au plus court, que tout le monde avait commencé par dire le p'tit ange à Johnny Morissette… » Louis Fréchette, *Contes de Jos Violon.*

COUTEAU. Aller sur le couteau ; perdre la vie.

Brume à couper au couteau ; brume épaisse, opaque.

Passer par (sous) le couteau ; subir une opération chirurgicale.

COUVERT. Être viré sur le couvert ; être timbré, rester interloqué.

Inventer en dessous d'un couvert [couvercle] **de chaudron ;** parler à tort et à travers.

COUVERTE. Tirer la couverte [couverture] **(de son bord) ;** voir à ses intérêts avant tout.

COUVERTURE. Faire jour par la couverture ; être timbré, idiot.

Manquer un morceau de couverture ; avoir l'esprit dérangé.

Mouiller dans sa couverture ; avoir l'esprit dérangé.

Sa couverture coule ! Il a l'esprit dérangé.

CRACHER. Faire cracher qqn ; faire payer, débourser qqn.

CRACHOIR. Passer le crachoir à qqn ; céder la parole à qqn. Autrefois, celui qui avait la parole chiquait souvent du tabac, et avait donc besoin de cracher ; c'est pourquoi on lui passait le crachoir, d'où l'expression.

Tenir le crachoir ; accaparer la conversation, avoir la parole. ❖ « L'oncle Alfred, emporté par sa jarnigoine, tenait souvent le crachoir deux, trois heures. »

CRAMPÉ. Être crampé (au boutte [bout]**, comme un cheval, de rire) ;** rire aux éclats, aux larmes. ❖ « Cette blague m'a fait cramper comme un cheval. » ❖ *Fr.* Être crampé de rire.

CRAMPER. Cramper à droite, à gauche ; bifurquer, tourner le volant à droite, à gauche.

CRAN. Entêté comme un cran ; entêté, buté.

CRAPAUD. Être (un [vrai] petit) crapaud ; être rusé, espiègle (se dit notamment d'un enfant).

S'ennuyer comme un crapaud ; s'ennuyer à l'extrême. ❖ *Fr.* S'ennuyer comme un rat mort.

Tomber comme un crapaud ; s'étaler par terre.

CRAQUE. Avoir une craque [*angl.* « crack », fêlure] **au cerveau ;** avoir l'esprit dérangé. ❖ *Fr.* Avoir le cerveau fêlé.

Avoir une craque (un trou) qui court dans la couverture ; avoir l'esprit dérangé.

Envoyer (lancer) une craque ; lancer une taquinerie, une remarque désobligeante.

CRAQUÉ. Être craqué au plafond ; être un peu timbré.

CRAQUER. Riche à craquer ; extrêmement riche. ❖ *Fr*. Riche comme Crésus.

CRASSE. Être crasse ; être espiègle, rusé (se dit notamment d'un enfant).

Haler sa crasse ; se remuer, se démener.

CRASSES. Avoir les yeux crasses ; avoir le regard espiègle (se dit notamment d'un enfant).

CRAYON. Faire du crayon ; frauder en modifiant les entrées dans les livres, tricher en marquant des points aux cartes.

CRÈCHE. Être dans la crèche ; être choyé, bénéficier d'avantages d'un parti politique au pouvoir.

CRÉMAGE. C'est le crémage sur le gâteau ! C'est le comble !

CRÈME. La crème des crèmes ; la meilleure, en parlant d'une femme.

La crème de la famille ; le meilleur enfant de la famille.

CRIMINEL. ...dans le criminel ; très, extrêmement. Ainsi, être grand, vite, etc., dans le criminel.

CRIN. Arracher le crin de qqn ; faire souffrir qqn, le mettre hors de lui.

CRINQUÉ. Être crinqué [*angl*. « to crank », remonter à la manivelle] **au boutte** [bout] ; être en furie.

CRIQUE. Faire qqch. de crique et d'anche ; faire qqch. à la bonne franquette.

Malin comme un crique. Se dit d'un enfant colérique.

CRIS. Inventer (éventer) les (des, des hauts) cris ; hurler, crier à tue-tête.

Lancer (pousser) des cris (un cri) de mort ; hurler (de rage, de peur, etc.). ❖ « En proie à une grande frayeur, elle a poussé des cris de mort qu'on entendait jusqu'aux limites du village. »

CRISE. Piquer une crise ; faire une crise (de colère, etc.).

CRISE DE NERF. Péter (piquer) une crise de nerf ; se mettre hors de soi, perdre tout sang-froid.

CRISSE. Ça parle au crisse [Christ] [fam.] **!** Exclamation marquant la surprise, l'ahurissement.

Maigre comme un crisse [Christ] **;** très maigre.

Suer comme un crisse [Christ] **en croix ;** suer abondamment.

CRISSES. Mange donc un char de crisses quat'e par banc [fam.] **!** Déguerpis ! Injure.

CROCHET. Tirer au crochet. S'affronter au jeu de tire-au-doigt.

CROCHETER. Crocheter une fille ; baiser une fille.

CROIX. Se faire une croix dans le front ; désespérer d'atteindre qqch., déclarer forfait. ❖ « S'il croit me posséder, il ferait mieux de se faire une croix dans le front. » ❖ *Fr.* Faire une croix dessus.

CROIX DE SAINT-LOUIS. Ne pas être une (de la) croix de Saint-Louis ; ne pas être irréprochable. Allusion à la croix portée par les membres de l'Ordre de Saint-Louis-de-France, créé en 1693 par Louis XIV pour récompenser ses officiers. Les membres devaient obligatoirement être de religion catholique et mener une vie exemplaire.

CROQUECIGNOLE. Piéter comme un croquecignole ; se vanter, parader. Apparaît notamment dans « Cré quêteux », chanson d'Ovila Légaré.

CROSSE. Y avoir une crosse ; y avoir un attrape-nigaud, un piège. ❖ « Vous vous dites : il y a une crosse dans tout ça, pas vrai ? » *Rock et Belles Oreilles*, CFTM–TV.

CROSSAGE. Faire du crossage ; se livrer à des manigances, à des tromperies.

CROSSER. Se faire crosser (crosser qqn) ; se faire berner (berner, tromper qqn).

CROSSETTE. Faire (se faire faire) une crossette ; duper, tromper (se faire duper, tromper).

CROTTE. Avoir une crotte contre qqn ; avoir du ressentiment contre qqn.

Avoir une crotte (sur le cœur) ; cultiver de la rancune, du ressentiment. ❖ « Marie avait une crotte sur le cœur à cause d'une ancienne chicane apparemment oubliée. »

CROTTÉ. Être (un, faire le) crotté ; être (faire le) bon à rien.

CROTTE DE POULE. Gelé comme une crotte de poule ; transi.

CROTTER. Crotter fin ; être intimidé, gêné.

CROUSE. Être sur la crouse [*angl.* « cruise », croisière] ; être en vadrouille, draguer.

CROÛTE. Donner une croûte de pain ; remplir partiellement ses promesses.

CRUSHER. Avoir l'estomac comme un *crusher* [*angl.* compacteur] ; avoir bon appétit, être glouton.

CUILLER. Ramasser qqn à la (p'tite) cuiller. À propos d'une personne complètement abattue, démoralisée. ❖ « Il était tellement démoralisé qu'on s'est dit qu'on allait devoir le ramasser à la petite cuiller. »

Se coucher en cuiller ; se coucher tout habillé.

CUIR. Être gras (gros) à plein cuir ; être obèse.

CUISSE. Se casser une cuisse ; devenir enceinte hors mariage.

Se faire casser la cuisse ; devenir enceinte.

CUITE. Manger sa cuite de pain avant le temps ; tomber enceinte avant le mariage.

CUL. Avoir le cul sur la paille ; être sans le sou, ruiné.

Avoir qqn dans le cul ; haïr, détester qqn.

Baise-moi le cul [fam.] **!** Déguerpis ! Injure.

Baiser le cul de la vieille ; revenir bredouille, échouer, perdre au jeu. ❖ *Fr.* Mordre la poussière.

Baiser le cul du diable quand il est frette [froid] **;** agir au moment opportun.

Dans le cul (les pains de sucre) ! Assez ! Pour mettre fin à une discussion.

En avoir plein le cul ; être excédé. ❖ *Fr.* En avoir plein le dos.

Jouer (se faire jouer) un cul ; jouer (se faire jouer) un sale tour.

Ne pas valoir le cul ; n'avoir aucune valeur. ❖ « Cette voiture-là, ça vaut pas le cul, une vraie minoune. »

Pouvoir (bien) se le (la) fourrer dans le cul. Être parfaitement égal, indifférent. Se dit d'un rejet catégorique. Trivial.

Se devoir le cul [fam.] ; être criblé de dettes. ❖ « Ce pauvre Paul, il n'a plus une cenne et il se doit le cul en plus. »

Se faire (se laisser) pogner [poigner] **le cul** ; se faire (se laisser) peloter. ❖ « Ceux qui nous paient pour se faire pogner le cul, ce ne sont pas des enfants mais des adultes. » « Plus », *La Presse*.

Se fendre (le cul) en quatre (pour faire qqch.) ; se démener, se donner du mal (pour faire qqch.). ❖ *Fr.* Se mettre en quatre.

Se grouiller (se mouver [*angl.* « move », bouger]**) le cul** ; se remuer. S'emploie aussi à l'impératif.

Se ouatcher [*angl.* « watch », surveiller] **le cul** ; faire attention, prendre garde. ❖ *Fr.* Veiller au grain.

Se pogner [poigner] **le cul** ; paresser, perdre son temps. ❖ « Il se poignait le cul toute la journée pendant que sa femme trimait dur. »

Se retrouver cul par-dessus tête ; se retrouver sens dessus dessous. ❖ « La jument a fait pirouetter tit-Jos qui s'est retrouvé cul par-dessus tête dans le champ. »

Se retrouver le cul sur la braise (sur la paille) ; se retrouver démuni, sans argent. ❖ « Tous les enfants ayant reçu leur part d'héritage, le père s'est finalement retrouvé le cul sur la braise. »

Se traîner le cul (à la journée longue) ; perdre son temps, flânocher.

Tomber sur le cul ; être très étonné, rester estomaqué. ❖ « Quand j'ai vu ce petit bonhomme-là jouer du violon, je suis tombé sur le cul. » Jerry Boulet, *Star d'un soir*, Radio-Canada.

CULOTTE. Faire de la culotte ; être timbré.

CULOTTES. Avoir (mettre) des culottes de bouleau ; avoir (mettre) une culotte de travail. ❖ « Faut mettre tes culottes de bouleau pour travailler dans la mécanique. »

Avoir les culottes à marée haute ; avoir la culotte trop courte.

Avoir qqch. à pleines culottes ; avoir qqch. en quantité.

Chier (faire) dans ses culottes [fam.] **;** être saisi de frayeur. ❖ « Tit-cul Tougas a chié dans ses culottes quand il a vu l'énorme ours blanc. » ❖ *Fr.* Chier dans son froc.

Être (se sentir) mal dans ses culottes ; se sentir inconfortable, intimidé. ❖ *Fr.* Se sentir mal dans sa peau.

Mets tes culottes puis arrive en ville ! Réveille-toi !

Mettre les (ses) culottes ; réagir, prendre l'initiative. Se dit notamment d'une femme qui se décide à prendre l'initiative dans le ménage. ❖ « J'espère que le ministre va mettre ses culottes parce qu'on en a assez d'attendre. »

Perdre (faire perdre) ses culottes (à qqn) ; ruiner (être ruiné), perdre (faire perdre) ses biens (à qqn).

Pisser (chier, shaker [*angl.* « shake », secouer]**) dans ses culottes ;** être pris d'épouvante.

Se faire prendre (avoir) les culottes à terre (les culottes baissées) ; se faire prendre à l'improviste.

Virer ses culottes à l'envers ; changer brusquement d'opinion, de point de vue.

CUL-PLAT. Coller à cul-plat sur son siège ; se caler dans son siège.

CULS. Deux culs dans la même chemise ; deux compères, deux complices.

CULS DE BOUTEILLE. Avoir les yeux grands comme des culs de bouteille ; avoir les yeux exorbités.

CURÉ. Parler comme un curé ; s'exprimer éloquemment.

CURE-DENTS. Gros (maigre) comme un cure-dents ; maigrichon.

DALOT. Se rincer le dalot ; trinquer. ❖ *Fr.* Se rincer la dalle ; avoir la dalle en pente.

DAMNER. Faire damner le monde ; exaspérer autrui. Notamment, d'un enfant. ❖ « Ce petit démon n'arrête pas de faire damner le monde ; il ne nous laisse aucun répit. »

DANSE. Avoir la danse de saint Guy ; être agité, turbulent. Se dit notamment d'un enfant.

DASH. **Ça frappe dans le *dash* !** [*angl.* tableau de bord]. C'est renversant, étonnant !

DEAL. **Faire un (bon) *deal*** [*angl.* marché] ; conclure un marché (profitable).

DÉBANDÉ. Être débandé ; être déçu, désillusionné.

DÉBARQUE. Prendre une (moyenne) débarque ; essuyer un (important) revers, faire une chute.

Prendre sa débarque ; faire fiasco, perdre la face. ❖ « J'te dis que le maire a pris sa débarque quand le gouvernement provincial lui a refusé la subvention. »

DÉBILE. Faire qqch. de débile ; faire qqch. de désopilant, d'absurde. Se dit également d'un humour absurde : une farce débile.

DÉBOULÉ. Avoir déboulé ; être devenue enceinte.

DÉBOUTONNER. Manger à se déboutonner ; s'empiffrer.

DÉBRÊLÉ. Avoir l'air (être) débrêlé ; avoir l'air (être) débraillé.

DÉCAMPE. Prendre sa décampe ; déguerpir.

DÉCHAÎNÉ. Sacrer comme un déchaîné ; blasphémer à qui mieux mieux.

DÈCHE. Être (tomber) dans la dèche ; être (sombrer) dans la pauvreté.

DÉCIS. Être en décis de faire qqch. ; songer à faire qqch.

DÉCONCRISSÉ. Être (tout) déconcrissé ; être (tout) démonté, découragé.

DÉCOUSU. En avoir long de décousu ; avoir peu de scrupule, porter une robe échancrée. ❖ *Fr.* Avoir la conscience large.

DÉCOUVERTE. Partir en découverte ; se mettre en quête d'une femme.

DÉCULOTTER. Se faire déculotter (déculotter qqn) ; se faire voler, tromper, démasquer (être volé, trompé, démasqué). ❖ *Fr.* Se faire lessiver.

DEDANS. Mouiller dedans ; être timbré.

DÉFAITE. Faire une défaite ; invoquer un prétexte (pour s'abstenir de faire qqch.). ❖ « Jacques a fait une défaite pour ne pas nous aider à monter le foin dans la grange. »

DÉFINTISER. Se faire défintiser (défuntiser) ; se faire massacrer, démolir.

DÉFONCÉ. Manger comme un défoncé ; s'empiffrer. ❖ *Fr.* Manger comme un goinfre, comme quatre.

DÉGELÉE. Attraper (prendre) une dégelée ; recevoir une raclée.

DÉGRADÉ. Être dégradé ; être retardé, retenu. En langage maritime, DÉGRADER se dit de l'action de forts vents ou courants qui font dévier le navire de sa course, d'où, par extension, la formule.

DEHORS. Être une femme de dehors puis de dedans ; être une femme aussi habile aux travaux des champs qu'aux tâches ménagères.

Va donc voir dehors si j'y suis ! Déguerpis ! Retire-toi de ma vue !

DÉMANCHE. Être en (à la) démanche (démence) ; tomber en ruine, être délabré. ❖ « La maison était tellement en démanche qu'on ne s'est même pas donné la peine de la réparer. »

DÉMON. Être en (beau) démon ; être en colère, en furie.

Jurer comme un démon ; blasphémer.

DÉMONE. Crier comme une démone. Se dit d'une femme qui crie à tue-tête.

DÉNIAISÉ. Être déniaisé ; être débrouillard, déluré.

DENTS. Avoir les dents dans les babines ; avoir un appétit démesuré. ❖ *Fr.* Avoir les yeux plus grands que le ventre.

Avoir les dents molles ; être amorphe, apathique.

Passe-toi ça entre les dents ! Prends ça ! C'est dit ! C'est mon dernier mot ! Se dit pour clore un argument.

DÉPAQUETER. Se dépaqueter ; dissiper son ivresse.

DÉPAYERAIT. Ça me dépayerait pas! Ça m'arrangerait! ❖ « Si tu me donnais ce petit coup de main, ça me dépayerait pas. »

DÉPENSE. Être de dépense. Se dit d'une femme dépensière.

DÉPLANTÉ. Être déplanté (se faire déplanter) ; être supplanté, enlevé, retiré. ❖ « La statue a été déplantée de son socle. »

DERNIÈRE PLUIE. Ne pas être né de la dernière pluie ; avoir l'expérience de la vie. ❖ *Fr.* Ne pas être né d'hier.

DÉROUGIR. Ne pas dérougir ; ne pas s'arrêter, ne pas y avoir relâche. ❖ « Le travail, ça dérougit pas : je dois même travailler la fin de semaine. »

DÉROUINE. Être en dérouine ; être ivre. ❖ « Y laisseront pas des gardiens de cages en dérouine s'endormir avec une cruche de rhum. » Paul de Grosbois, *Les Initiés de la pointe aux cageux.*

DERRIÈRE. Avoir (mourir) le derrière (le cul) sur la paille ; être (mourir) dans le dénuement. ❖ « Après avoir tout donné à ses enfants, il est mort le derrière sur la paille. »

Se lever le derrière à la crèche (devant) ; se lever d'humeur maussade. ❖ « Comme il s'est chicané avec sa femme hier soir, il s'est levé le derrière à la crèche. » ❖ *Fr.* Se lever de mauvais pied.

DÉSÂMÉ. Être désâmé ; être aux abois, crevé. ❖ « Elle était désâmée de voir qu'elle ne pouvait rien pour lui. »

Faire désâmer qqn ; exaspérer qqn, mettre qqn hors de soi (se dit notamment à propos d'un enfant).

DESCENDRE. Se faire descendre ; se faire critiquer, se faire tuer par balle.

DÉSCROUNCHÉ. Être tout déscrounché ; être abattu, désarticulé.

DESSOUR. Aller en dessour [dessous] **;** aller à l'échec, à la ruine.

Virer dessour [dessous]. Se dit de roues qui patinent, d'une rage contenue.

DESSOUS. Être en dessous dans ses affaires ; être déficitaire, en retard dans ses affaires.

DESSUS. Assois-toi dessus puis tourne ! Repense-y ! Réfléchis bien !

DÉTELÉ. Être dételé ; être désarçonné, dépourvu de moyens, de ressources.

Se coucher tout dételé ; se coucher tout habillé.

DÉTELLE. Ça vous dételle un homme ! Ça vous désarçonne !

DÉTERRÉ. Blême comme un déterré ; blafard.

DÉTOUR. Avoir un détour dans les reins ; souffrir d'un lumbago. ❖ « Une fois, à Gros-Cap, un homme était pris avec un détour dans les reins. » Jean-Claude de l'Orme et Ovila Leblanc, *Histoire populaire des Îles de la Madeleine*.

DEUX. Manger comme deux (quatre) hommes ; s'empiffrer.

Marcher en deux ; marcher le dos voûté.

DÉVIARGER. Se faire déviarger ; se faire déflorer.

Se faire déviarger le portrait ; se faire donner une raclée.

DÉVIDOI. Parler comme un dévidoi [dévidoir] **;** parler sans arrêt.

DEVINEUX. Être devineux ; savoir prévoir le cours des événements. ❖ « J'suis assez bon devineux de nature pis j'sais ben qu'on l'aura pas l'aqueduc. »

DEVOIR. Faire son devoir de chrétien ; déféquer.

Faire son devoir d'État ; accomplir son devoir conjugal, baiser.

DIA. Labourer à dia ; labourer à la dérayure.

DIABLE. Aller au diable ; disparaître. S'emploie en France.

Aller chez le (beau) diable ; aller à la débandade, décamper, disparaître. ❖ « Ça ou autre chose. Tout s'en va chez le diable, tout fout le camp. » Robert Baillie, *Des filles de Beauté.*

Au diable au vert ; très loin. Cette expression remonterait, d'après Rat (*Dict. des locutions françaises*), à l'époque de Philippe Auguste, dont le château de Vauvert aurait été hanté après l'excommunication de son malheureux propriétaire. ❖ *Fr*. Aller au diable vauvert, au diable au vert [fam.].

Avoir du (le) diable dans le corps ; posséder des quantités de ressources, être plein de ruses. ❖ *Fr*. Avoir le diable au corps.

Avoir la beauté du diable ; avoir une beauté fascinante. Les seuls attraits de la jeunesse (Littré). ❖ « Un œil qui flambe, une bouche qui rit, une joue pâle, des dents blanches qui doivent mordre ferme, des boucles noires qui se détachent aisément, tout cela lui compose une beauté qui s'appelle la beauté du diable. » Pamphile LeMay, « La dernière nuit du Père Rasoy », *Le Monde illustré*, mars 1902.

Avoir le cœur au diable ; être abattu, déprimé.

Avoir le diable bleu ; avoir le vague à l'âme. ❖ « Ne me parle point si sérieusement, Tancrède, disait Pauline : j'ai une forte disposition au diable bleu. » Éraste d'Odet d'Orsonnens, *Une apparition*. ❖ « Le diable bleu avec son cortège de nuages a disparu, la gaieté a repris son empire. » Wilfrid Larose, *Variétés canadiennes*.

Avoir le diable couleur de rose ; être rasséréné, réjoui. ❖ « Je te la communiquerai [la nouvelle importante] lorsque tu auras le diable couleur de rose. » Éraste d'Odet d'Orsonnens, *ibid*.

Avoir le tour du diable ; posséder des ressources insoupçonnées.

Avoir une misère du (beau) diable (à faire qqch.) ; avoir de la (une grande) difficulté (à accomplir qqch.). ❖ « J'ai eu une misère du diable à le sortir de l'eau, il était coincé dans les roches. »

Avoir (une peur, une faim, etc.) du (beau) diable ; avoir une grande (faim, peur, etc.). ❖ « J'ai une migraine du diable, dit Georges Lévesque. » Louis Fréchette, *Originaux et Détraqués*.

Beau comme le diable. Se dit d'une beauté ensorcelante.

Ça parle au diable ! Incroyable ! Fantastique !

C'est bien le diable ! C'est incroyable ! C'est fantastique !

C'est (ça vaut) pas (l')diable ! C'est quelconque ! Pas extraordinaire. S'emploie en France.

...comme le (que le, comme le beau) diable ! Extrêmement, très. Ainsi, *tannant comme le beau diable*, *espiègle comme le diable*, etc. Se retrouve dans le *Littré*.

Donner le diable à qqn ; engueuler qqn. ❖ « Je lui ai assez donné le diable pour sa bévue qu'il est parti la queue entre les jambes. »

Envoyer qqn chez le diable ; envoyer promener qqn.

Être en diable ; être en furie.

Être le diable à faire qqch. Être difficile à faire qqch. Apparaît dans le Littré. ❖ « Ça demande des prix fous [les servantes], c'est le diable à trouver, encore plus à garder. » Wilfrid Larose, *Variétés canadiennes.*

Être le diable tout recopié (tout craché, tout pur). Particulièrement d'un enfant turbulent, dissipé.

Être le tison du diable ; être rusé, malin.

Faire du (être, faire, mener le) diable (à quatre) ; faire du tapage, du chahut. S'emploie en France.

Faire le diable ; semer le désordre, la désolation, se remuer. ❖ « Les Anglais ont fait le diable dans l'Acadie et sur les côtes de la Baie ; ils ont tué, pillé, brûlé (…). » Joseph-Charles Taché, *Forestiers et Voyageurs.* ❖ « Si tu as du cœur, fais le diable de quelque manière ! » Wilfrid Larose, *Variétés canadiennes.*

Faire peur au diable ; être d'une grande laideur, d'un grand courage. ❖ « La maîtresse d'école, Mlle Jolicoeur, fait peur au diable, un vrai phénomène. »

Forcer que l'diable ; forcer beaucoup.

Fort comme le (que l')diable. Se dit d'une force quasi diabolique.

Inventer le diable. Se dit d'un enfant qui ne cesse de faire des mauvais coups.

Laid comme (sept fois) le diable ; repoussant.

Le diable bat sa femme (pour marier sa [ses] fille[s], pour avoir des crêpes). Signifie qu'il pleut et fait soleil en même temps. S'emploie aussi en France.

Le diable est aux vaches ; la discorde, le chaos s'instaure, le temps se gâte. Allusion à l'agitation des vaches dans l'étable qui, croyait-on, était causée par le diable mais aussi par le mauvais temps imminent. L'expression apparaît dans le Littré.

Le diable l'emporte ; il file à vive allure.

Le diable n'y reconnaîtrait pas les siens. D'une situation enchevêtrée, inextricable. ❖ *Fr.* Une chienne n'y retrouverait pas ses chiots.

(Que) l'diable s'emporte ! Exclamation familière dont le sens se rapprocherait de « aussi étonnant que cela soit….. » ❖ « L'diable s'emporte, mes enfants, y avait pas fait trois pas qu'y est tombé raide mort. » Louis Fréchette, *Contes de Jos Violon.*

Malin comme un diable ; colérique.

Mener le (beau) diable ; faire du tapage, chahuter.

Mettre le diable (aux vaches, dans la cabane) ; susciter la discorde, la mésentente, le chaos (dans la maison, dans un ménage). ❖ « Partout où il passait, l'oncle Alfred mettait le diable, de sorte qu'on ne l'invitait plus nulle part. »

Ne pas être le diable ; ne pas être fameux.

Noir comme chez le diable. Dans l'obscurité complète.

Pogner [poigner] **le diable ;** s'énerver, s'exciter, se mettre en colère.

Que le diable emporte (qqch.) ! Que (qqch.) s'évanouisse, disparaisse. ❖ « Que le diable emporte la boutique. » Louis Fréchette, *La Noël au Canada*. ❖ *Fr.* Aller au diable.

Que le diable te trotte ! Va au diable ! Déguerpis !

Se débattre (démener, s'agiter) comme un diable dans l'eau bénite ; lutter, se démener avec la dernière énergie. ❖ « Au bout de la ligne, le poisson se débattait comme un diable dans l'eau bénite. »

Tirer le diable par la queue ; arriver difficilement à boucler son budget. S'emploie en France. ❖ « Une grande partie des jeunes gens instruits ne vivent, suivant l'expression populaire, qu'en tirant le diable par la queue. » Antoine Gérin-Lajoie, *Jean Rivard*.

Vendre qqn au diable ; maudire qqn.

DICHE. Monter sur la diche [*angl.* « dish », plat] **;** faire le prétentieux, l'arrogant. ❖ « Monte pas sur la diche, t'as pas un poste si important que ça. »

Passer la diche ; offrir la tournée.

Passer la diche à qqn ; admonester qqn.

DICTIONNAIRE. Parler comme un dictionnaire ; parler en termes recherchés. ❖ « Tu parles comme un dictionnaire, mon Gustave, mais tu te trompes. » *Six heures au plus tard*, Radio-Canada.

DIEU. Le bon Dieu le sait et le diable s'en doute ; boutade familière, pour dire qu'on a compris une évidence.

Ne croire ni à Dieu ni à diable ; n'avoir aucune crainte, aucun respect de quoi que ce soit.

Pour l'amour du bon Dieu ; exclamation courante. Pour marquer la surprise, le dépit.

Que le bon Dieu nous bénisse et que le diable les charisse ; boutade familière et amusante. Se dit souvent pour mettre un terme à une discussion.

DIGUIDI HA HA. Faire des diguidi ha ha ; s'exalter, faire des folies. ❖ « À mon âge, faire des diguidi ha ha ? Très peu pour moi ! »

DIGUIDOU. Aller diguidou ; aller admirablement. ❖ « Quant à la maison, ça va pas diguidou, il y a quelque chose qui se passe, suggère-t-elle de son œil malin... » *Magazine Présent*, décembre 1988.

C'est diguidou (tiguidou, tiguidou *right through* sur la bine) ! C'est parfait, épatant !

DINDE. Prendre qqn pour une dinde (un codinde) ; prendre qqn pour un niais, un naïf.

DINDON. Imbécile comme un dindon ; stupide.

DIRE. C'est (bien) pour dire ! C'est étonnant, imprévu.
❖ « C'est bien pour dire ! Une si bonne femme, et on la retrouve accusée de vol. »

Il faut le dire vite ! C'est peu fondé, peu croyable !
❖ *Fr.* C'est vite dit.

DIRTY LOOK. Jeter (lancer) un *dirty look* [*angl. litt.* (jeter) un sale œil] ; lancer un regard méchant, chargé de reproche. ❖ « J'ai ri sans honte. Mon père m'a jeté un *dirty look.* » Claude Jasmin, *Pointe-Calumet boogie-woogie.*

DISABLE. C'est pas disable ; c'est indescriptible, affreux. ❖ « On a mangé de la misère c'est pas disable : un petit morceau de viande par deux mois. »

DISCOURS ÉCARTÉS. Faire des discours écartés ; parler en état d'ivresse, de manière décousue.

DIX-HUIT. Se mettre sur son dix-huit ; mettre ses plus beaux vêtements.

DOCTEUR. Écrire comme un docteur ; écrire de manière illisible.

DOIGT. Gros comme mon doigt ; fluet, maigrichon.
❖ « C'est gros comme mon doigt et ça veut faire peur au monde... »

Maigre comme un doigt ; fluet.

Se mettre (se fourrer) un doigt dans l'œil (jusqu'au cou, coude, et l'autre dans le cul, dans le nez) ; se fourvoyer (grossièrement). ❖ *Fr.* Se mettre le doigt dans l'œil.

Vivre un doigt dans l'œil et l'autre dans le cul [fam.] ; mal se débrouiller dans la vie.

DOIGTS. Avoir les doigts croches ; avoir une propension au vol.

Avoir des doigts de fée. Se dit d'une femme habile de ses mains, notamment pour des travaux délicats (tricot, broderie, etc.). S'emploie aussi en France.

Se mettre les doigts dans la porte ; se mettre dans une situation difficile, inconfortable. ❖ *Fr.* Se mettre le doigt entre l'arbre et l'écorce.

Se mettre les doigts dans le tordeur ; adopter une position, un point de vue intenable.

DOMMAGE. Beau dommage ! Pour sûr ! Sans doute ! Volontiers ! ❖ « Vous voulez faire ça ? Beau dommage ! »

DONNEUX. Ne pas être donneux ; être radin, pingre.

DOPES. Fumer des dopes ; fumer des cigarettes roulées à la main.

DORT-DANS-L'AUGE. Être un dort-dans-l'auge ; être un fainéant.

DORT-DEBOUT. Être un dort-debout ; être un fainéant.

DOSE. Avoir (prendre) une dose ; attraper une blennorragie.

DOS. Avoir le dos rond comme un forgeron ; avoir le dos voûté.

Flauber sur le dos ; tomber à la renverse, trébucher.

Monter sur le dos de qqn ; en imposer à qqn, soumettre qqn à sa volonté.

DOSSIER. Avoir un dossier long comme le bras ; avoir un dossier (judiciaire) chargé.

DOUZAINE. Faire qqch. à la douzaine ; bâcler qqch.

DOWN. **Être (se sentir, se sentir dans un)** *down* [*angl.* en bas] ; être (se sentir) déprimé, épuisé.

DRAP. Blanc comme un drap ; très blême, livide.

DRING-DRING. Être dring-dring ; être timbré.

DRÔLE. Faire du drôle ; faire des pitreries en état d'ivresse.

DÛ. Ne pas être dû à... Ne pas être donné à... ❖ « C'est pas dû à tout un chacun de s'enrichir. »

DUR. Aller en dur ; aller déféquer.

Ça fait dur ! C'est affreux, laid.

Coucher sur le dur ; coucher sur le sol, le plancher.

Être dur à son corps ; ne pas se ménager physiquement.

Être dur de gueule. Se dit de qqn de difficile à vivre, à raisonner ; aussi d'un animal, notamment d'un cheval, difficile à contrôler.

Être dur de paye ; ne payer que sous la contrainte, la menace.

Faire dur ; ne pas payer de mine. Se dit aussi d'une situation difficile. ❖ «Il n'y avait ni poêle ni réfrigérateur. Seulement quelques meubles qui faisaient dur.» Gilles St-Germain, «Un après-midi sordide...», *La Presse*, le 23 mai 1987.

Prendre ça dur ! Prendre qqch. au tragique.

Tripper [*angl.* « trip », voyage] **dur.** Se dit d'une personne aux gestes ou aux sentiments excessifs.

EAU. Aller à l'eau ; aller uriner.

Amener (mettre) de l'eau au (sur le) moulin ; réaliser des gains, fournir des arguments favorables à une position. ❖ *Fr.* Apporter de l'eau au moulin.

Changer son poisson d'eau (changer l'eau, changer l'eau des patates) ; uriner. ❖ « Tu peux avoir mes vingt-cinq cents, Gus. Ah ! va changer ton poisson d'eau, répondit celui-ci. » Mordecai Richler, *Rue Saint-Urbain.*

Faire l'eau ; avoir l'esprit dérangé. À l'origine, probablement *faire eau.*

Jeter de l'eau à la rivière ; apporter une aide inutile.

L'eau est haute ! Ton pantalon est trop court !

Ne pas savoir brûler l'eau. Se dit d'une femme malhabile.

Se donner de l'eau ; accélérer. Provient vraisemblablement du vocabulaire marin.

Y avoir de l'eau dans la cave. En boutade, pour dire que son pantalon est trop court.

Y avoir assez d'eau pour noyer le poisson ; y avoir assez de diversions pour faire oublier la question principale.

EAU DE ROCHE. Clair comme de l'eau de roche ; évident, incontestable. S'emploie aussi en France.

EAU DE VAISSELLE. Ne pas se mettre les sangs en eau de vaisselle ; ne pas s'inquiéter, se tracasser.

Tourner en eau de vaisselle ; tourner, n'aboutir à rien.

EAUX GRASSES. Jeter ses eaux grasses ; gaspiller son bien, se départir de l'essentiel.

ÉBARROUI. Être (tout) ébarroui ; être défoncé, déglingué, être abasourdi.

ÉCALE. Gratter une écale d'œuf deux fois avant de la jeter ; être avaricieux.

ÉCARTÉ. Être écarté ; être timbré.

ÉCARTILLÉ. Être (tout) écartillé ; avoir les jambes écartées, être déchiré moralement.

ÉCHALOTE. Maigre (petit) comme une échalote ; maigrelet. ❖ *Fr.* Être comme un grand échalas.

Pousser comme une échalote. Se dit d'un enfant qui grandit rapidement, qui ne grandit qu'en hauteur.

ÉCHAROGNÉ. Être écharogné ; être usé, détérioré. ❖ « Son complet était si écharogné qu'il passait presque à travers. »

ÉCHARPES. Se planter des écharpes [échardes] **(à tout moment) ;** commettre des bévues (à tout bout de champ).

ÉCHASSES. Être monté sur des échasses ; avoir les jambes élancées.

ÉCHINE. En avoir plein l'échine ; être criblé de dettes.

ÉCLAIR. Vite comme l'éclair ; très rapide. ❖ *Fr.* Rapide comme l'éclair.

ÉCLAT. Sec comme un éclat. Se dit d'une personne grande et mince.

ÉCŒURANT. Être (un, faire l') écœurant ; être (faire le) salaud, mesquin. ❖ « Franchement, je m'en serais occupé. Me prends-tu pour un écœurant ? » *Six heures au plus tard*, Radio-Canada.

ÉCRIAUCHÉ. Être (tout) écriauché ; marcher le corps croche (en raison d'un mal quelconque).

ÉCUREUIL. Agile comme un écureuil ; très agile. Se dit notamment d'un enfant.

Avoir les joues bourrées comme un écureuil ; avoir la bouche pleine.

Smatte [*angl.* «smart»: intelligent] **comme un écureuil de la patte ;** rusé, éveillé. ❖ «Le petit Luc est smatte comme un écureuil de la patte, on ne lui fait pas prendre des vessies pour des lanternes.»

EFFACE. Passer l'efface [gomme à effacer] ; oublier le passé, recommencer à neuf. ❖ *Fr.* Passer l'éponge.

EFFORT DE GUERRE. Fournir (avoir fourni) son effort de guerre ; faire (avoir fait) sa part.

ÉGAROUILLÉ. Être égarouillé ; être énervé, agité. ❖ «Quand il voit des étrangers, cet enfant est tout égarouillé, pas moyen de le retenir.»

ÉGOÏNE. Jouer de l'égoïne ; se masturber.

ÉLASTIQUE. Avoir l'esprit élastique ; n'être guère honnête.

ÉLÉPHANT. Marcher comme un éléphant ; marcher d'un pas lourd.

EMBARQUER. Se faire (laisser) embarquer ; se faire tromper, berner.

EMPLIR. Se faire (laisser) emplir ; se faire (laisser) duper, se faire (laisser) raconter des balivernes.

EMPOTÉ. Être empoté ; être niais, engourdi. ❖ «Il est tellement empoté que tous les matins, il oublie son sac d'école à la maison.»

EN BAS. Aller par en bas (et par en haut) ; souffrir (à la fois) de diarrhée (et de vomissements).

Descendre (par) en bas ; sortir de la forêt après un hiver au chantier ; pour les gens habitant les régions nordiques, aller vers les régions peuplées du sud.

EN BELLE. Avoir en belle (de faire qqch.) ; être en droit de, avoir beau (faire qqch.).

ENCOTILLONNER. Se faire encotillonner ; se laisser séduire par une femme.

ENCULOTTER. Se faire enculotter ; se « donner » à son fils, son gendre. Procède d'une vieille coutume paysanne qui veut qu'un père âgé se « donne » à l'aîné de ses fils, c'est-à-dire se mette à son service ou, le cas échéant, à celui de son gendre, en même temps qu'il lui cède tous ses biens.

EN DESSOUS. Être (arriver) en dessous (dans ses affaires) ; être déficitaire.

ENDORMITOIRE. Avoir l'endormitoire ; s'assoupir.

ENFANT. Pleurer comme un enfant ; pleurer à chaudes larmes.

ENFANT(S) DE COUVENT. Propre comme un (des) enfant(s) de couvent ; immaculé.

ENFANT DE MARIE. Se marier enfant de Marie ; se marier en blanc.

ENFANT DE NANANE. Être un enfant de nanane ; être détestable, difficile.

ENFANT DE SAINTE ANNE. Être un enfant de sainte Anne. Se dit d'un enfant né d'une mère relativement âgée. Allusion au récit biblique voulant que sainte Anne ait enfanté à un âge avancé.

ENFANT JÉSUS. Être un Enfant Jésus de cire ; être moralement irréprochable.

Être un **Enfant Jésus de Prague** ; être un enfant sage.

ENFANTS. Ça fait pas des enfants forts ! Ça augure mal ! Ça donne un résultat médiocre. ❖ « Greyée comme elle est là, ça fera pas des enfants forts ! » *Le Grand Jour*, Radio-Canada.

ENFIROUAPER. Se faire enfirouaper ; se faire tromper, berner par de belles paroles, des promesses trompeuses. Allusion aux Anglais qui, autrefois, portaient des manteaux de fourrure (enfirouapé : *in fur wrapped*) contrairement aux Français qui eux, portaient habituellement des vêtements de lin grossiers. Ainsi, quand les Français se faisaient duper par les Anglais, ils employaient cette expression qui, par la suite, s'est généralisée (*i.e. L'Enfirouapé*, roman de Yves Beauchemin).

ENGUEULÉ. Être mal engueulé ; être grossier.

ENNUYER. S'ennuyer de sa mère ; être désemparé, abattu. ❖ « Quand il s'est vu au pied du mur, il s'ennuyait de sa mère, je t'en passe un papier. »

ENRAGÉ. Avoir faim comme un enragé ; être affamé.

Beugler comme un enragé ; beugler, crier à tue-tête.

Être enragé noir ; être furieux.

ENTERREMENT. Faire (organiser) un enterrement de première classe (à qqch.) ; faire oublier qqch. en douce, reléguer en secret qqch. à l'oubli. ❖ Reléguer qqch. aux calendes grecques, aux oubliettes.

ENTREPRENDRE. Entreprendre qqn (se faire entreprendre) ; surveiller qqn de près, taquiner qqn (se faire surveiller de près, se faire taquiner). Se dit notamment à propos d'un enfant.

(À L') ENVERS. Dire des choses à l'envers ; radoter.

ÉPAIS. Être épais (dans le plus mince) ; être nigaud, stupide.

ÉPAULES CARRÉES. Avoir les épaules carrées ; prendre une attitude fausse, hypocrite. ❖ « On dirait que lorsque Bourassa dit que le Québec va rester francophone, on n'est pas convaincu ; on dirait qu'il a les épaules carrées. » *Le Téléjournal*, Radio-Canada, février 1989.

ÉPÉE DU ROI. Franc comme l'épée du roi ; intègre, d'une parfaite franchise.

ÉPELURES. Ne pas se moucher (torcher) avec des épelures [pelures] de bananes ; ne pas lésiner. ❖ « Le médecin du village, on ne peut pas dire qu'il se mouche avec des épelures de bananes, il n'arrête pas de dépenser à droite et à gauche. » ❖ *Fr.* Ne pas se moucher du pied.

ÉPINETTE. Passer (se faire passer) une épinette ; tromper (se faire tromper), duper qqn (se faire duper).

ÉPINGLES. Avoir des épingles dans le fessier ; être agité, turbulent (se dit notamment d'un enfant).

ÉPINGLETTE. Être comme une épinglette ; avoir une tenue irréprochable.

ÉPONGE. Boire comme une éponge ; trinquer.

Plein comme une éponge ; ivre.

ÉQUARRI. Être équarri à la hache ; être peu raffiné, fruste. ❖ *Fr.* Être un ours mal léché.

ÉQUERRE. Être (ne pas être) d'équerre ; être (ne pas être) en forme, fiable, s'accorder à (diverger de) l'avis commun. ❖ « C'est un bonhomme d'équerre, tu peux lui faire confiance. »

ÉQUIPÉE. Une fille équipée ; une fille à la poitrine opulente.

ÉRABLE. Avoir le nez qui coule comme un érable ; avoir le nez qui n'arrête pas de couler (en raison notamment d'un rhume).

ESCARRES. Faire des escarres ; gesticuler en parlant. Escarre : pièce en forme d'équerre.

ESCOUSSE. Attendre un escousse ; attendre un moment. Déformation probable de *attendre une secousse.*

Prendre son escousse ; prendre son élan, prendre son temps.

ESPRIT DE BOTTINE. Faire de l'esprit de bottine ; faire des mots d'esprit qui tombent à plat, dire des insanités. ❖ « Au cours de cette émission débile, l'animateur n'arrêtait pas de faire de l'esprit de bottine. »

ESPRIT DE PAROISSE. Avoir un (l')esprit (une mentalité) de paroisse ; voir aux intérêts de son groupe, de ses proches avant tout, avoir l'esprit borné. ❖ *Fr.* Avoir l'esprit de clocher.

ESTÈQUE. Faire l'estèque ; effectuer une dernière levée aux cartes. De l'allemand *steken* : bâton ; outil dont le potier se sert pour terminer ses pièces, d'où, par extension, la formule.

ESTOMAC. Ne pas cailler sur l'estomac ; ne pas lambiner. ❖ « Deux jours et tout le village le savait ; je te dis que ça lui a pas caillé sur l'estomac, au bonhomme Lavigueur. » ❖ *Fr.* Ne pas prendre goût de tinette.

ESTOMAC FRETTE. Être un (avoir l') estomac frette ; faire la commère, le rapporteur.

(S')ÉTEINDRE. Ça vient de s'éteindre ! C'est dit ! C'est réglé définitivement ! ❖ « Ça vient de s'éteindre, je m'en vais de la maison. »

ÉTERNUER. Il n'y a pas de quoi éternuer ; il n'y a pas de quoi s'en faire, se tracasser.

ÉTHIOPIEN. Se sentir comme un Éthiopien dans une épicerie ; se sentir perdu devant un trop grand choix, une trop grande abondance.

ÉTOFFE DU PAYS. Être de l'étoffe du pays ; être d'un bon naturel, d'une constitution robuste. L'étoffe du pays, c'était le gros drap ou la grosse étoffe de laine ou de lin avec laquelle on confectionnait des vêtements chauds. Cette appellation qualifiait également à une époque le « Canayen », c'est-à-dire l'habitant authentique.

ÉTOILES. Faire ses étoiles ; s'évanouir.

ÉTOUPE. Revenir chercher son étoupe ; retourner au bercail.

ÉTOUPES. Mettre le feu aux étoupes ; faire éclater qqch., dévoiler un scandale. ❖ *Fr.* Mettre le feu aux poudres.

ÉTRIVER. S'étriver au travail ; s'épuiser au travail, à la tâche.

EVEN. **Être** *even* [*angl.* quitte] **(avec qqn) ;** en être quitte (avec qqn).

EXTRAVAGANT. Fais pas ton extravagant ! N'exagère pas !

FACE. Avoir (être) une face à claque ; être détestable, avoir un air détestable.

Avoir une face de bœuf ; avoir une figure maussade, renfrognée.

Avoir (faire) une face de bois ; avoir (faire) un air renfrogné.

Avoir une face de carême (de mi-carême) ; avoir la mine rabougrie. ❖ *Fr.* Faire triste mine.

Avoir une face d'enterrement ; avoir une figure inexpressive, triste. ❖ *Fr.* Avoir une figure de croque-mort.

Avoir (faire) une face de porc frais ; prendre un air renfrogné.

Casser (fendre, péter) la face (en quatre) à qqn ; donner une raclée à qqn. ❖ « Lui, quand je vais lui mettre la main au collet, je vais lui fendre la face en quatre. »

Être une face à deux taillants ; avoir un air hypocrite.

Être (avoir) une face à fesser dedans ; être détestable, avoir une figure détestable.

Fendre la face à qqn ; exaspérer qqn. ❖ « Ça me fend la face de le voir perdre son temps. »

Pouvoir arracher la face à qqn ; détester grandement qqn.

Prendre sa face de bois blanc ; prendre un air imperturbable.

S'arracher la face ; se démener, se remuer.

Sauter dans la face de qqn ; engueuler qqn, lui donner une raclée.

Se barbouiller la face ; s'enivrer. ❖ « Le Nouveau-Brunswick a été plutôt long à traverser mais on s'est barbouillé la face au gros gin. » Marcel Dubé, *Un simple soldat.*

Se montrer la face ; se montrer, se présenter.

Se parler dans la face ; se parler franchement, sans détour. ❖ *Fr.* Ne pas y aller par quatre chemins.

Tomber dans la face de qqn ; engueuler qqn.

FÂCHER NOIR. Se fâcher noir ; se mettre dans une grande colère.

FAÇON. Avoir (faire) de la (une, une belle) façon (à en revendre) ; avoir (prendre) un air aimable, engageant.

FAÇONS. Faire cinquante-six façons ; faire des courbettes, des manières.

FAFLAS. Faire des faflas ; se donner des airs.

FAILLETTE. Avoir une faillette ; perdre connaissance.

FAILLITE. Avoir une faillite ; s'évanouir.

FAIRE. Se faire faire ; se faire tromper, duper.

FAISEUX D'ALMANACH. Être un faiseux d'almanach ; faire le prophète de malheur.

FAITE. Être faite [fait] **(à l'os) ;** être perdu. ❖ « Si j'arrêtais au milieu de la côte, je savais que j'étais faite, je ne pourrais plus repartir. » ❖ *Fr.* Être cuit.

FALE. Avoir la fale à l'air ; avoir la chemise ouverte, le torse nu.

Avoir la fale basse ; avoir l'air dépité, triste. ❖ « Il est parti, répondit François-Xavier. Il avait la falle *[sic]* basse pas mal... » Paul de Grosbois, *Les Initiés de la pointe aux Cageux.*

S'emplir la fale ; s'empiffrer.

FOUL BALL. Faire *foul ball* [*angl.* « foul ball », balle fausse] **;** échouer, se tromper. ❖ « S'il pense m'amadouer avec ses simagrées, il fait *foul ball.* »

FAMILLE. Être en famille ; être enceinte.

Partir en (pour la) famille ; devenir enceinte.

FAMILLES. Ça arrive dans les meilleures familles ; c'est courant, usuel. Pour excuser une erreur, un état de fait.

FANAL. Être un grand fanal. Se dit d'un homme grand et mince.

Travailler d'un fanal à l'autre ; travailler du lever au coucher du soleil.

FARCES. Faire des farces plates ; lancer des plaisanteries qui tombent à plat.

FARFINAGE. Faire du farfinage (fafinage) ; hésiter, tergiverser.

FARINE. Mettre qqn sous farine ; sortir qqn de la misère.

FAUCHER. Ne pas en faucher large ; être peu intelligent, peu éveillé.

FAUX AIRS. Avoir les faux airs de qqn ; ressembler à qqn.

FAUX CORDEAU. Avoir un faux cordeau ; être mal ajusté.

Obéir au faux cordeau ; obéir parfaitement, sans protester. ❖ *Fr.* Obéir au doigt et à l'œil.

FÊLÉ. Avoir le cerveau (la tête) fêlé(e) ; avoir l'esprit dérangé.

FEMMES. Aller aux femmes ; se mettre en quête de femmes, d'aventures galantes.

Être aux femmes ; préférer sexuellement les femmes.

FENTES. Marcher sur les fentes ; en état d'ivresse, ne pas arriver à marcher droit. ❖ « Le père Joseph marchait sur les fentes hier soir, une bouteille à la main, il s'est rendu de peine et de misère chez lui. »

FER. Tomber fer ; s'ajuster parfaitement. ❖ « En gossant un peu plus, la cheville va tomber fer dans le madrier. »

FER À REPASSER. Nager comme un fer à repasser [eu.] ; ne pas savoir nager. ❖ *Fr.* Nager comme un chien de plomb.

FESSAILLE. Se pousser la fessaille ; se remuer.

FESSE. Avoir la tête comme une fesse ; être chauve.

Freiner (juste) sur une fesse ; freiner brusquement.

FESSES. Avoir (se tenir) les fesses serrées ; être gêné, intimidé, essayer de ne pas attirer l'attention sur soi.

Coucher les fesses nu-tête. Façon plaisante de dire : coucher tout nu. Boutade pour expliquer que qqn ait attrapé un rhume.

Doux comme des fesses de sœur ; très lisse, doux. ❖ « Mon père, qui était menuisier, disait souvent, après avoir bien sablé une pièce de bois : " Hum ! c'est doux comme des fesses de sœur ! " »

Faire (organiser) une partie de fesses (cul) ; organiser une partouze.

Jouer aux fesses ; s'adonner aux jeux de l'amour. ❖ *Fr.* Jouer aux jeux interdits.

Se mouver [*angl.* « move », bouger] **les fesses ;** se remuer.

FEU. Avoir le feu (au cul) ; être en colère, en furie, être pressé de partir, être sensuel, en quête d'aventures amoureuses.

Avoir le feu rouge ; être menstruée.

Être dans le (être au) feu ; être pressé de partir. ❖ « Êtes-vous au feu ? Pas besoin de partir si vite. »

Faire du feu ; passer en trombe, à toute vitesse.

Pas assez fou pour mettre le feu, pas assez fin pour l'éteindre. Se dit d'une personne abrutie, niaise.

Passer au feu ; accoucher.

Péter le feu ; être en furie, en pleine forme. En France : se démener énergiquement, devenir violent.

Prendre le feu ; se mettre en colère.

FEUILLE. Être dur de la feuille ; être sourd, sénile. S'emploie en France. ❖ « Vous savez, à mon âge, on dit qu'on est un peu dur de la feuille. » Paul Boutet, *CBF Bonjour*, Radio-Canada, mars 1984.

Trembler comme une feuille ; trembloter.

FEUILLE DE PAPIER. Blanc comme une feuille de papier ; très pâle, livide.

Maigre comme une feuille de papier ; maigrichon.

FIAT. Donner son fiat à qqn ; donner son accord, l'assurance de qqch. à qqn.

FIER PET. Faire son (être) fier pet ; faire l'orgueilleux, le fanfaron.

FIFARLAGNE. Être en fiferlot contre qqn ; être en colère contre qqn.

FIL. Faire qqch. dans le fil ; faire qqch. parfaitement, admirablement.

FILE ÉPOUVANTE. Partir à la file (fine) épouvante ; partir en trombe, déguerpir.

FILER. Mal filer doux ; se sentir mal à l'aise.

FILER *CHEAP*. Faire filer *cheap* [*angl.* mesquin] qqn ; faire sentir qqn mesquin. ❖ « Tu me fais filer *cheap* avec tes allusions constantes à ma pauvreté. »

FILLE. Faire sa fille ; recevoir des garçons, sortir avec des garçons. ❖ « À l'âge de quatorze ans, elle s'est mise à faire sa fille rapport qu'il y avait des garçons aux alentours. »

FILS D'ARAIGNÉE. Avoir des fils d'araignée dans la gorge ; avoir soif, avoir la gorge enrouée.

FIN. Crotter fin ; se sentir embarrassé, confus. ❖ *Fr.* Ne pas en mener large.

(Y aller) tout fin drette ; (y aller) directement, sans détour.

Faire son fin (sa fine) ; se vanter, pavaner.

Se mettre sur son (plus) fin ; mettre ses plus beaux vêtements.

FINAL BÂTON. C'est final bâton ! C'est terminé ! C'est définitif ! ❖ « C'est final bâton, je ne retourne plus chez l'oncle Arsène, ce vieil haïssable. »

FIN DU MONDE. C'est pas la fin du monde ! C'est pas la catastrophe, c'est pas si extraordinaire que ça !

FINFIN. Faire le (jouer au) finfin ; faire le (jouer au) malin.

FINS. En avoir pour les fins puis pour les fous ; en avoir à profusion, pour tous les goûts.

FION. Avoir du fion ; avoir du front, de l'aplomb, être effronté. ❖ « Il en avait du fion pour parler comme ça pendant une heure devant la classe. »

Mettre (placer) son fion ; placer son mot, émettre sa petite opinion. ❖ *Fr.* Mettre son grain de sel.

Pousser son (un) fion ; dire une malice.

FITTE. Avoir (partir sur, prendre) une fitte ; partir sur une toquade, refuser d'entendre raison.

FITTÉ. Ne pas être fitté (fitté fitté) ; être un peu timbré. ❖ « Il faut pas être fitté fitté pour avoir fait ce cambriolage au poste de police ! »

FIXE. Avoir (pogner [poigner]) le fixe ; avoir le regard fixe, absent (notamment, par manque de sommeil), rester interdit, figer sur place.

Pogner [poigner] le fixe sur qqn ; s'enticher, s'amouracher de qqn.

FLAFLA. Faire du flafla ; faire des manières, des cérémonies inutiles. ❖ « L'hôtesse avait fait tellement de flafla que tous les invités étaient pris de gêne. »

FLANC MOU. Être (un, faire son) flanc mou ; être (faire le) paresseux, nonchalant.

FLANCS LONGS. Avoir les flancs longs ; être paresseux.

FLANELLE. Rouge comme de la flanelle ; très rouge.

FLANELLETTE. Rouge comme (de) la flanellette ; cramoisi.

FLATTE. Partir sur un flatte [*angl.* « flat », crevaison] **;** trinquer, s'enivrer.

FLAYE. Avoir la flaye [*angl.* « fly », braguette] **à l'air ;** avoir la braguette ouverte, le torse nu.

FLEUR. Blanc comme de la fleur ; pâle, livide. *Fleur de farine* : farine très fine et très blanche.

Être passé fleur ; n'être plus très jeune.

FLEURS. Être dans ses fleurs ; être menstruée.

S'enfarger dans les fleurs du tapis ; s'empêtrer, faillir pour un rien.

Va jouer (péter) dans les fleurs ! Disparais de ma vue !

FLÈCHE. Droit comme une flèche ; rectiligne, dressé.

FLIC À FLAC. Aller flic à flac ; aller comme ci comme ça. ❖ *Fr.* Aller cahin-caha.

FLÛTES. Préparer ses flûtes (pour partir) ; se préparer (à partir), faire ses bagages.

FLUX. Avoir le flux [*angl.* « flue », diarrhée] **;** souffrir de diarrhée. ❖ *Fr.* Avoir la foire.

« FLYER ». Flyer [*angl.* « fly », voler] **sur un vrai temps ;** filer, aller à toute vitesse.

FOFOLLE. Être (faire sa) fofolle ; être (faire l') efféminé (d'un homme), être superficielle, frivole, faire des manières (d'une femme).

FOIN. Avoir du foin (dans ses bottes) ; être fortuné, avoir de l'argent. ❖ « Le vieux Séraphin avait du foin en masse, même s'il ne le criait pas sur les toits. »

Avoir du foin à vendre [eu.] **;** avoir la braguette ouverte.

Maigre comme un foin ; maigrichon.

FOIN D'ODEUR. Être un foin d'odeur ; être écervelé, sans scrupule.

FONÇURE TRAÎNANTE. Être une fonçure traînante ; être lambin, paresseux.

FOND DE CANISSE. Avoir la patience qui sonne de fond de canisse [*angl.* « canister », contenant] **;** être à bout de patience.

FOND DE CHAUDIÈRE. Rousselé comme un fond de chaudière rouillée ; avoir beaucoup de taches de rousseur.

FOND DE PENOUILLE. Avoir son fond de penouille ; connaître la tranquillité après une vie agitée.

FOND DE TONNE. Sentir le fond de tonne ; empester l'alcool.

FONNE. Avoir du fonne [*angl.* « fun », plaisir] **(comme quand on se tue) ;** s'amuser (follement).

Avoir un fonne noir (bleu, vert) ; s'amuser follement. ❖ « C'est à cause du rythme, du jazz, de la blancheur des dents (...) du fun noir, du rire aigu. » *Le Devoir*, novembre 1985. ❖ *Fr*. Avoir un plaisir fou.

Casser le fonne ; briser le plaisir de la fête. Se dit à propos d'un trouble-fête, notamment.

Être le fonne ; être amusant, d'une compagnie agréable.

Être un gars de fonne ; être un homme de plaisir, un fêtard.

Partir en fonne ; partir en beuverie.

Se faire un fonne d'éléphant ; se faire un plaisir fou.

FONTAINE. Pleurer comme une fontaine ; pleurer à chaudes larmes. ❖ *Fr*. Pleurer comme une Madeleine.

FORÇURE. Avoir la face comme une forçure ; avoir le visage enflé, adipeux.

FORGERON. Fort comme un forgeron ; costaud, très fort physiquement.

FORT. C'est dans le très fort ! C'est inouï, inattendu !

FORTILLON. Avoir le fortillon ; être agité, turbulent (se dit notamment d'un enfant).

FORTY-FIVE. **Se mettre sur son *forty-five*** [*angl.* quarante-cinq] ; enfiler ses plus beaux vêtements.

FOU. Être fou braque ; être totalement fou. ❖ *Fr.* Être fou à lier.

Faire le fou ; faire des idioties.

Faire un (vrai) fou de soi ; faire des pitreries, s'exposer aux sarcasmes d'autrui.

Fou comme un foin (comme la marde) ; étourdi, écervelé, turbulent, agité (notamment en raison d'une grande joie). ❖ « Dans son jeune temps, Mme Germina Émond-Fournier, de Portneuf, était folle comme un foin. » Denise Perrault, «Contre vents et marées», *Châtelaine*, octobre 1983. ❖ *Fr.* Fou à lier.

Jouer au fou ; finasser. ❖ *Fr.* Faire le mariol.

Lâcher son fou ; se défouler, faire des pitreries.

Passer son fou ; traverser sa période d'étourderies (notamment d'un adolescent). ❖ « Attends qu'il ait passé son fou ; tu verras, après, il va se calmer. »

Rire comme un fou ; rire à gorge déployée.

Un fou dans une poche ! Me prend-on pour un idiot, un imbécile ! ❖ « Me crois-tu assez fou pour accepter ce marché ? Un fou dans une poche ! »

FOUET. Faire péter son fouet ; faire des fanfaronnades, faire en sorte d'être remarqué.

FOUILLE. Prendre une fouille ; faire une chute, trébucher, essuyer un échec.

FOULEDRESSE. Être habillé fouledresse [*angl.* « full-dress », grande tenue] **;** porter ses plus beaux vêtements.

FOULEPINE. Aller foulepine [*angl.* « full pin », à pleine vitesse] **;** filer à toute vitesse. ❖ *Fr.* Filer à pleins tubes.

FOUR. Chauffer le four ; faire l'amour à une femme.

Envoyer qqn sous le four ; envoyer promener qqn.

FOURCHE. Cracher dans la fourche [eu.] **;** baiser une femme.

Traiter qqn au bout de la fourche ; maltraiter qqn, tenir qqn à distance.

FOURRÉ. Être fourré ; être déconcerté, décontenancé.

FOUTREAU. Éveillé comme un foutreau. Se dit d'un enfant agité.

FOXER. Foxer l'école ; ne pas se rendre en classe, sécher l'école. ❖ *Fr.* Faire l'école buissonnière.

FRAÎCHE. Prendre (faire) la (sa) fraîche ; prendre froid, faire la prétentieuse.

FRAIS. Faire son (le) frais ; faire le prétentieux, l'arrogant.

FRAIS À CHIER. Être (faire le) frais (à) chier ; être (faire l')arrogant, (le) fanfaron.

FRAISE. Péter (se faire péter) la fraise (à qqn) ; donner une raclée à qqn (se faire donner une raclée).

Se paqueter la fraise ; s'enivrer. ❖ *Fr.* Se rincer la dalle.

FRAISÉ. Être fraisé ; être ivre.

FRANC. Être franc pour la tire. Se dit d'un cheval docile et robuste.

FRANÇAIS. Labourer en Français ; labourer à l'endos.

FRANÇAISE. Parler à la française ; parler avec affectation.

FRAPPE-À-BARRE. Faire le (petit) frappe-à-barre ; faire le polisson.

FREE GAMES. Faire des *free games* [*angl.* parties gratuites] ; divaguer, perdre l'esprit. Allusion aux machines à sous qui, parfois, s'emballent et accordent sans raison des parties gratuites.

FRÉMILLES. C'est pas lui qui a corsé les frémilles [fourmies] **parce qu'il les aurait étouffées !** Il est abruti, niais.

FRESSURE. Avoir la face comme une fressure; avoir la figure grêlée de variole.

FRET. Sauter un fret ; sauter clandestinement dans un train de marchandise (en marche). À une certaine époque, on voyageait souvent de cette façon.

FRETTE. Prends ça frette ! Calme-toi ! Ne t'énerve pas ! Aussi : **Il faut prendre ça frette.**

FRICASSÉE. Payer qqn en fricassée ; fournir de la marchandise impropre à qqn.

FRIGIDAIRE. Bâti comme un frigidaire ; être costaud, avoir une carrure imposante.

Pouvoir vendre des frigidaires aux Esquimaux ; être doté d'un grand pouvoir de persuasion.

FRIMAS. Avoir le frimas ; avoir froid.

FRIME. Prendre une frime ; trinquer, s'enivrer.

FRIMOUSSE. Avoir une faillie frimousse ; avoir l'air maladif.

FRIPE. Être sur la (sur une, prendre une) fripe ; s'enivrer.

Faire qqch. (rien que) sur une fripe ; faire qqch. à toute allure, en un rien de temps.

Partir (rien que) sur une fripe ; partir sur une chimère, partir en beuverie, déguerpir. ❖ *Fr.* Prendre une biture.

Tomber sur la fripe de qqn ; enguirlander, tabasser qqn. ❖ «Quand il est retourné à la maison, sa mère lui est tombée sur la fripe ; imagine-toi, il ne s'était pas rendu à l'école de toute la semaine. »

Tout d'une fripe ; tout d'un coup, soudainement.

FROMAGE. Faire du fromage ; se masturber.

FRONT. Avoir du front tout le tour de la tête (et une grande lisière [de front] dans le dos) ; être effronté, fanfaron.

Avoir un front de bœuf (maigre) ; avoir de l'audace, un sans-gêne inouï. ❖ *Fr.* Avoir des couilles.

FUMIER. Avoir du fumier dans les *turn-ups* [*angl.* revers de pantalon] (ses bottes) ; être niais, mal dégrossi.

FUMIER DE MOUTON. Un terrain comme du fumier de mouton ; un terrain inculte et peu perméable.

FUNÉRAILLE(S). Faire une (des) funéraille(s) de première classe (à un projet) ; enterrer en douce un projet.

FUSEAU. Avoir le fuseau ; se sentir souffrant, malade.

FUSÉE. Être (se rendre) au bout de sa (la) fusée ; être à bout de forces (épuiser ses derniers arguments, ses dernières forces). ❖ *Fr.* Être au bout du rouleau.

Se rendre au bout de sa fusée ; épuiser ses derniers arguments, ses dernières forces.

FUSIL. Aller à la chasse pas de fusil ; se faire prendre au dépourvu. ❖ « On a oublié le texte, ici on va à la chasse pas de fusil. » *Ad Lib*, cftm-tv, Montréal, mai 1987.

Changer son fusil d'épaule ; changer sa stratégie, son argumentation.

Être en (beau) fusil ; être en colère, en furie.

Faire la chasse avec un fusil pas de (sans) plaque ; imposer sa présence là où l'on n'est guère le bienvenu.

GABAROT. Faire sauter le gabarot à qqn ; donner une raclée à qqn. Originalement, dans la langue maritime, GABAROT OU GABAROTTE : sorte de bateau non ponté à voiles et à rames.

GADAYE. Avoir l'air gadaye ; avoir l'air fou (folle). Se dit notamment d'une femme mal habillée.

GADELLE. Avoir (faire) les yeux à la gadelle ; plisser les yeux d'un air coquin, faire les yeux doux (notamment, d'un enfant).

GAFFE. Faire la gaffe ; s'adonner à la prostitution. ❖ *Fr.* Faire le tapin.

(SE) GAFFER. Se gaffer après qqn ; empoigner, saisir qqn.

GAGNE. Avoir la gagne sur le bras ; devoir travailler physiquement très fort. ❖ « À force d'avoir la gagne sur le bras du matin jusqu'au soir (…) un bon matin tu risques de te retrouver à moitié folle. » Bernard Noël, *Les Fleurs noires*.

GAITERS. Se mouver les *gaiters* [*angl.* gêtres] ; se remuer.

GALE. Pauvre comme la gale ; très pauvre. ❖ *Fr.* Pauvre comme Job.

GALETTE. Avoir la galette ; être fortuné. ❖ *Fr.* Avoir de la galette.

Faire la galette ; faire de l'argent. ❖ « Pendant ses six mois de travail dans le Grand Nord, il a fait la galette sans bon sens. » ❖ *Fr.* Faire du fric.

Plate [plat] **comme une galette** ; mince, plat, maigre.

Se mettre à la galette ; se mettre à gagner sa vie. ❖ *Fr.* Gagner son sel.

GALETTE DE SARRASIN. Vivre à la galette de sarrasin ; vivre pauvrement. ❖ *Fr.* Vivre chichement.

GALIPOTE. Courir la galipote ; faire la fête, rechercher les aventures galantes. ❖ *Fr.* Courir la prétentaine ; courir la galipette.

GALOCHES. Se mouver les galoches ; se remuer.

GAME. Connaître la *game* [*angl.* jeu] ; avoir de l'expérience, connaître les ficelles.

Faire son *game* [*angl.* courageux] ; faire le brave, le fanfaron.

Pas un mot sur la *game* ! Pas de réplique ! Pas un mot à personne ! ❖ « Pas un mot sur la *game* ! Si un membre du groupe se mettait à dire quoi que ce soit, nous serions cuits. »

GAMMIQUE. Connaître la gammique [*angl.* « gimmick », combine] ; connaître la combine, les ficelles. ❖ *Fr.* Être au parfum ; connaître la musique.

GANSE. Prendre qqn par la ganse ; guider, conseiller qqn. ❖ « Après la faillite, son père l'a pris par la ganse et l'a aidé à se remettre sur pieds. »

Tenir qqn par la ganse ; suivre qqn comme son ombre.

GARCETTES. Envoyer (avoir) les garcettes en l'air ; gesticuler en parlant.

GARÇON. Du blé d'Inde resté garçon ; du maïs qui n'a pas atteint sa pleine maturité.

GAROUAGE. Être (partir) en garouage ; rechercher les aventures galantes, partir en vadrouille.

GARROCHER. Se garrocher d'un bord à l'autre ; se remuer. ❖ *Fr.* Se démener comme un diable dans l'eau bénite.

GARS DES VUES. Arrangé avec le gars des vues. Se dit d'un événement apparemment truqué et dont l'issue est prévisible.

GAU. Le rincer le gau [*angl.* « gully », rigole] ; trinquer.

GAZ. Donner du (peser sur le) gaz ; accélérer (en automobile). Calque de l'anglais *to step on the gas*.

G.B. Donner son G.B. à qqn ; éconduire qqn (notamment un amoureux).

GEAI. Noir comme un geai ; très noir.

GEAR. **Avoir une *gear*** [*angl.* engrenage] **d'usée (de lousse** [angl. « loose », lâche]**);** avoir l'esprit dérangé.

GÉNIE. Ne pas avoir (tout) son génie ; être (un peu) timbré.

GÉNIE D'OUVRAGE. Ne pas être un génie d'ouvrage ; détester le travail.

GENOU. Chauve comme un genou ; entièrement chauve.

GENOUX. Ne pas s'user les genoux ; être peu enclin à la pratique religieuse, à la prière. ❖ « On ne peut pas dire qu'il s'use les genoux, on ne le voit jamais à l'église. »

GENOUX DE VEUVE. Ne pas couper plus que des genoux de veuve. Se dit d'un outil, d'un instrument au tranchant émoussé.

GÉRIBOIRE. Être en (beau) gériboire ; être en colère, en furie.

GESTES SIMPLES. Faire des gestes simples ; aguicher par des gestes (d'une femme).

GIBARS. Faire des gibars ; gesticuler en parlant.

GIGOTS. Avoir de grands gigots ; avoir les jambes élancées.

GIGUE. Danser (faire danser) la gigue ; se faire donner (donner) une raclée.

Danser la gigue de l'ours ; sauter de joie.

GIGUES. Avoir de grandes gigues ; avoir les jambes élancées.

GIRAFE. Grand comme une girafe. Se dit d'une personne de grande taille.

GLAÇAGE. C'est le glaçage sur le gâteau ! C'est le comble !

GLACE. Froid(e) comme de la glace. Se dit d'une personne froide, distante. ❖ « Quand je l'ai vu à cette fête, il était froid comme de la glace, comme si nous ne nous étions jamais rencontrés auparavant. »

Mettre qqch. sur la glace ; mettre qqch. (indéfiniment) en attente.

GLACES. Aller aux glaces ; partir chasser le phoque. ❖ « ...puis quand les chasseurs allaient aux glaces, si les corbeaux ne venaient pas les rencontrer, c'était un triste signe. » Jean-Claude de l'Orme et Ovila Leblanc, *Histoire populaire des Îles de la Madeleine*.

GLACIÈRE. Mettre qqn dans la glacière ; mettre qqn en prison. ❖ *Fr.* Mettre qqn en tôle, au violon.

GLOIRE. Partir pour la gloire ; s'enorgueillir au point de déraisonner, s'enivrer, faire la fête, tomber enceinte, s'évanouir. ❖ « Quand il a gagné à la loterie, il est parti pour la gloire ; il n'était même plus parlable. »

GNANGNANGNAN. Y avoir (faire) des gnangnangnan ; y avoir (lancer) des propos frivoles, inutiles. En France, gnangnan : personne molle, sans dynamisme. ❖ « Il y avait trop de gnangnangnan, pas moyen de glisser un mot sensé. »

GNOCHON. Être (faire le) gnochon ; être (faire l') imbécile, le pitre.

Faire un (du) travail de gnochon ; faire du travail bâclé.

GO. Partir sur un (une, la) go ; partir en fête, partir en trombe, divaguer.

Se donner une go ; s'offrir une partie de plaisir. ❖ « Toute la nuitte, on s'est donné une go ; c'est bien simple, ça a pas dérougi. »

GODENDARD. Son godendard a du chemin. Se dit de celui qui marche les jambes écartées ou est de grande taille.

GOÉLAND. Avoir les jambes comme un goéland ; avoir les jambes élancées.

Avoir un œil de goéland ; avoir la vue perçante. ❖ *Fr.* Avoir un œil de lynx.

GOGAILLE. Être à la gogaille ; tomber en ruine, en décrépitude.

GOGO. Être à gogo. Se dit d'une fille frivole, à la page.

GOMME. Changer de gomme. Se dit à propos d'un baiser enflammé.

Envoyer qqn à la gomme ; envoyer promener qqn. Aussi, **Va (donc) à la gomme !** Déguerpis ! Allusion à la cueillette de la gomme d'épinette.

Être de la haute gomme ; faire partie des gens importants, des notables.

Perdre sa gomme ; perdre la vie, mourir.

GONDOLE. Être en gondole (gondoler) ; tituber. Se dit aussi d'un lieu en désordre.

GOOD TIME. **Avoir un *good time*** [*angl.* partie de plaisir] **;** s'enivrer, s'amuser follement.

GORGE. Parler de la gorge ; parler en grasseyant. En parlant notamment des gens de la région de Québec.

GORGOTON. Se chauffer (mouiller, rincer) le gorgoton ; trinquer.

GORLOT. Avoir l'air (faire le) gorlot ; avoir l'air (faire le) niais.

GOSIER. Avoir le gosier sec comme un rond de poêle ; être assoiffé (d'alcool).

Se mouiller (graisser, gratter) le gosier ; boire de l'alcool. ❖ *Fr.* Se rincer le gosier.

GOSSE. Arriver (partir, faire qqch., s'en aller) rien que sur une gosse [fam.] ; arriver (partir, faire qqch., s'en aller) à toute vitesse. Au Québec, GOSSE : testicule.

GOSSER. Gosser autour ; tourner en rond, tergiverser, perdre son temps.

GOSSES. Avoir des gosses [testicules] ; avoir du courage, du dynamisme.

Avoir des serrements de gosses ; souffrir d'impuissance, être incapable d'érection.

Poigner (tenir) qqn par les gosses ; tenir qqn bien en main, sous sa férule.

Se lâcher (sasser) les gosses ; se remuer.

GOTTE. Avoir la gotte ; avaler de travers.

GOTTES. Manquer (ne pas avoir) de (avoir du) gottes [*angl.* « guts », courage] ; manquer de courage, de persévérance (avoir du courage, de la persévérance).

GOULOT. Se rincer le goulot ; boire de l'alcool.

GOÛT. Ça prend pas goût (bout) de tinette ! Ça ne traîne pas ! Anciennement, TINETTE : tonnelet contenant du beurre fondu ; plus près de nous, baquet servant à contenir les matières fécales. ❖ « Quand il a appris qu'il venait de gagner à la loterie, ça n'a pas pris goût de tinette qu'il est parti. »

GRAIN. Avoir le grain serré ; avoir peur.

Se forcer le grain ; se remuer. ❖ « Il ne se force pas le grain pour descendre les poches de patates. »

Serrer le grain ; avoir peur, être intimidé.

Serrer le grain (la graine) à qqn ; gronder, surveiller de près (un enfant notamment).

GRAIN DE SEL. Pouvoir tondre sur un grain de sel ; être avaricieux.

GRAINE. Avoir la graine serrée ; être intimidé.

Monter à la (monter en, rester à) graine ; rester célibataire, pour une jeune fille.

GRAIN FIN. Avoir le grain fin ; être gêné, intimidé. ❖ « Jacques avait le grain fin quand il est venu me voir après m'avoir insulté. » ❖ *Fr.* Ne pas en mener large.

GRAINS. Se mêler de ses grains (graines) ; s'occuper de ses affaires.

GRAISSE. Être dans toute sa graisse. Se dit d'une personne qui meurt subitement.

La graisse ne l'étouffe pas. Se dit d'une personne fluette, maigre.

GRAISSE DE BINES. Avoir les yeux dans la graisse de bines [*angl.* « beans », haricots] ; avoir le regard absent, langoureux, les yeux larmoyants, rouges, notamment après une cuite.

GRAISSE DE VEAU. Avoir les yeux dans la graisse de veau ; avoir le regard perdu.

GRAISSER. Se faire graisser ; se laisser soudoyer.

GRAND-LANGUE. Avoir (être) une grand-langue ; être bavard, mouchard.

GRANDE. Partir en grande ; s'emballer, en paroles ou en pensée.

Se mettre (être) en grande ; enclencher la vitesse supérieure (dans un véhicule), se mettre à filer (filer).

GRANDE GUEULE. Avoir (être) une grande (grand–) gueule ; être hâbleur, plastronner. ❖ *Fr.* Avoir du bagou.

GRANDE OPÉRATION. Avoir (subir) la grande opération ; subir une hystérectomie.

GRAND LIVRE. Parler comme un grand livre ; parler avec sagesse, érudition.

GRAND-MÈRE. Baiser sa grand-mère ; faire une chute, trébucher.

Des histoires de ma grand-mère ; des sottises, des balivernes.

GRAND SLAQUE. Être un grand slaque [*angl.* « slack », mou] ; être dégingandé.

GRANDS CHEVAUX. Monter sur ses grands chevaux ; se laisser gagner par la colère.

Partir sur ses grands chevaux ; déguerpir, dérailler.

...dans les Grands Prix ; complètement, incontestablement. ❖ « Joseph a gagné la course dans les Grands Prix. » ❖ *Fr.* À plates coutures.

GRANGE. Mouiller dans la (sa) grange ; avoir l'esprit dérangé.

GRAPPE. Manger sa (une, une sacrée) grappe ; essuyer une raclée, des remontrances.

GRAPPINS. Mettre les grappins sur qqn ; mettre la main sur qqn, rattraper qqn. ❖ *Fr.* Mettre le grappin sur qqn.

GRAS. Couper (trancher) dans le gras ; couper dans le superflu. ❖ « L'appareil gouvernemental est trop étendu, il va falloir couper dans le gras. »

Être gras à fendre avec l'ongle ; être obèse.

GRAS DUR. Être gras dur ; être comblé.

GRATTE. Attraper la gratte ; attraper la fessée.

Donner (faire manger, faire prendre) une gratte à qqn ; chicaner qqn, donner une raclée, une leçon à qqn.

Manger (prendre) sa (une) gratte ; se faire chicaner, rabrouer.

GRATTEUX. Être gratteux ; être avare, grippe-sou.

GRAVE. Être un (beau) grave ; être extravagant, fanfaron.

GRAVY. Être le *gravy* [*angl.* sauce] **sur les patates ;** être le comble.

GRÊLOU. Être habillé comme un grêlou ; être habillé en misérable. GRELU [étym.] : misérable, gueux (XVIIIe-XIXe siècles). ❖ *Fr.* Habillé comme un fagot.

GRENIER. Mouiller dans son grenier ; avoir l'esprit dérangé.

GRENOUILLE. Gelé comme une grenouille ; transi.

Tight [*angl.* radin] **comme une grenouille ;** avaricieux.

GREYÉ. Être greyé [eu.]. Se dit d'une femme à la poitrine opulente. De gréé, muni de tout son gréement (d'un bateau).

GRIBOUILLE. Se mettre en gribouille ; se mettre en colère.

GRICHE-POIL. Être griche-poil ; être en rogne, de mauvaise humeur.

GRIMACE. Avoir une face à grimace ; avoir une figure qui porte à rire.

Faire qqch. à la grimace ; faire qqch. à la main.

GRIPPE. Faire qqch. de grippe et de branche ; faire qqch. de peine et de misère.

GRIPETTE. Avoir du gripette dans le corps ; avoir de la vitalité à revendre, être haïssable, coquin. ❖ « C'est comme ça, parce que je l'ai fréquentée pendant six mois, qu'a sait que j'ai du gripette dans le corps. » Ringuet, *Trente arpents.* ❖ *Fr.* Avoir le diable au corps.

Être (faire son) gripette ; être (faire son) espiègle (se dit notamment d'un enfant). ❖ « Mon petit frère est très gripette, maman n'arrive à le mettre au lit que très diffilement. »

Mauvais comme un gripette. Se dit d'un enfant colérique.

GRIVE. Chaud comme une grive ; ivre mort.

GROS. Aller au (en) gros ; aller déféquer.

Être aussi gros comme il est long ; être costaud.

Faire son gros ; faire l'important.

GROS BOUT. Dormir le gros bout dans l'eau ; dormir d'un sommeil profond.

Se lever le gros bout le premier ; se lever de mauvaise humeur. ❖ *Fr.* Se lever du pied gauche.

GROS CASQUE. Être un gros casque ; être une personnalité, un notable. ❖ *Fr.* Être un gros bonnet.

GROS FIL. Être cousu de gros fil ; être trop manifeste pour abuser quinconque. ❖ *Fr.* Cousu de fil blanc.

GROS LOUIS. Faire la passe du gros Louis ; mystifier, déjouer l'attention de qqn.

GROSSE. Faire qqch. à la grosse ; faire qqch. à la hâte, à la va-comme-je-te-pousse.

GROSSE DENT. En avoir (ne pas en avoir) pour sa grosse dent ; en avoir assez (ne pas en avoir assez) pour combler son appétit.

GROSSE TORCHE. Être une grosse torche. Se dit d'une femme obèse, empêtrée.

GROSSEUR. Rendre à sa grosseur ; élever un enfant jusqu'à l'âge adulte.

GUÉDILLE. Avoir la guédille au nez ; avoir la morve au nez.

GUEDOUCHE. Habillé en guedouche ; mal habillé, habillé en catin. GUEDOUCHE : catin.

GUÉLIGNE-GUÉLAGNE. Pas de guéligne-guélagne ; pas d'hésitation, de tergiversation. ❖ « Pas de guéligne-guélagne, elles ont sauté dans la voiture et elles l'ont laissé là, gros Jean comme devant. »

GUENILLE. Avoir les jambes comme de la guenille ; avoir les jambes flageolantes.

Avoir les mains en guenille ; être maladroit, tout échapper.

Chiquer la guenille ; bouder, argumenter, rechigner. Calque de l'anglais *to chew the rag*. ❖ « Je m'ennuie des soirs où on allait chiquer la guenille chez l'un et chez l'autre. » Gérard Pelletier, *Le Point,* Radio-Canada, décembre 1988. ❖ *Fr.* Ronger son frein.

Chiquer la guenille sur qqn ; déblatérer sur qqn, dénigrer qqn.

Mou comme de la (comme une) guenille ; flasque, lâche.

Se sentir (tout) en guenille ; se sentir flasque, faible.

GUENILLES. Mouver ses guenilles ; se remuer.

Neiger comme des guenilles. Se dit d'une neige qui tombe lentement. ❖ « ...suivant une expression vieille de quatre-vingts ans, puisque c'était celle dont se servait un vieil oncle de quatre-vingt cinq hivers, il neigeait "comme des guenilles". » *Almanach de l'Action sociale catholique*, 1927.

GUERLOUTE. Se chauffer la guerloute ; se chauffer le derrière près du poêle.

GUERRE DE QUATORZE. Dater de la guerre de quatorze ; dater d'il y a longtemps. GUERRE DE QUATORZE : guerre de 1914-1918.

GUEULARD. Être (un, faire son) gueulard ; hurler à tort et à travers, être chicanier.

GUEULE. Avoir la gueule fendue jusqu'aux oreilles ; faire un grand sourire, rire aux éclats.

Avoir de la (être fort en) gueule ; être convaincant, bavard, fonceur (verbalement). ❖ *Fr.* Avoir du bagou.

Avoir une gueule de fer-blanc ; avoir l'air hâbleur.

Casser (péter) la gueule à qqn ; donner une raclée à qqn.

Danser sur la gueule ; danser au son de la voix (plutôt qu'à celui d'un instrument de musique). ❖ « Dans la maison du pauvre, où l'on ne pouvait se payer le luxe d'un violoneux, on dansait "sur la gueule", c'est-à-dire que la musique ressemblait un peu à la danse de guerre des Indiens. » Hector Berthelot, *Le Bon Vieux Temps*. « La danse était également bien estimée quand il se trouvait quelque bûcheron musicien qui avait emporté son instrument (…). S'il n'y avait pas de musique "on dansait sur la gueule". » Édouard-Zotique Massicotte, *La Vie des chantiers*.

Le ciel est bleu, la mer est calme, ferme ta gueule p'is rame. Se dit pour interrompre une personne par trop volubile.

Parler (avec) (avoir) la gueule en cul de poule ; s'exprimer avec affectation. ❖ « À son retour de France, il parlait avec la gueule en cul de poule même si c'était un pauvre petit gars de Saint-Nazaire. »

Se battre la gueule ; s'emporter verbalement.

Se battre la gueule (de qqch.) ; se vanter (de qqch.).

Se faire casser la gueule ; se faire donner une raclée.

Se péter la gueule ; se faire mal en tombant, essuyer un revers.

GUEULE DE BOIS. Faire la gueule de bois ; être encore engourdi par l'alcool, avoir mauvaise mine. ❖ *Fr.* Avoir la gueule de bois.

GUEUX. Pauvre comme un gueux ; très pauvre.

GUIDE. Dompté à la guide. Se dit d'un cheval docile, obéissant.

GUIDON. Avoir les jambes en guidon de brouette ; avoir les jambes arquées.

GUILIGUILIS. Faire des guiliguilis ; taquiner du doigt un bébé, lutiner une femme.

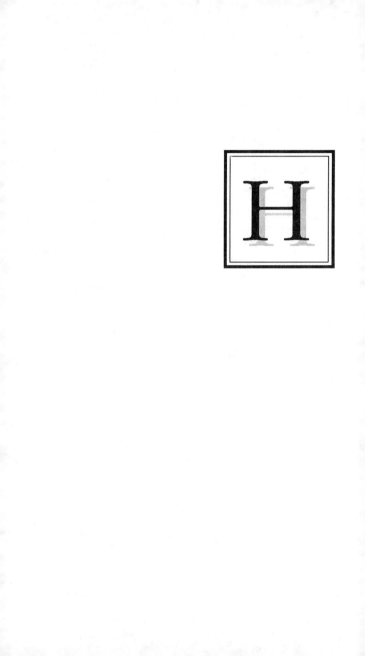

HABITANT. Avoir l'air (être, faire l') habitant ; avoir l'air (être, faire le) niais. ❖ « On fait semblant de les importer pour ne pas avoir l'air habitant. » Robert Baillie, *Des filles de Beauté.*

HACHE. Être à la hache ; gagner sa vie comme bûcheron, être miséreux.

C'est ma hache ! C'est ma spécialité ! ❖ « Faire du pain doré ? C'est ma hache ! Personne pour m'égaler dans ça. »

HADDOCK. **Rousselé comme un** *haddock* [*angl.* églefin] **;** avoir beaucoup de taches de rousseur.

HAÏSSABLE. Être (faire l') haïssable ; être (faire l') espiègle, turbulent. Se dit particulièrement d'un enfant.

HALF AND HALF. *Half and half* [*angl.* moitié-moitié], **un lièvre, un cheval !** Partage équitable ? Tu veux rire !

HARENG. Maigre comme un hareng boucané ; maigrichon.

HARMONIE. **Être toute** [tout] **en harmonie ;** être embêtant, ennuyeux.

HAUT. **Aller par en haut par en bas ;** avoir des haut-le-cœur, vomir, avoir la diarrhée.

HAUT SUR PATTES. **Être haut sur pattes ;** avoir les jambes élancées.

HAUTS. **Aller dans les hauts ;** aller en direction du sud. Pour les gens habitant l'extrême nord du Québec, aller au sud ou « dans les hauts », cela veut souvent dire se diriger vers les grandes villes du centre et du sud du pays.

HÉLAS. **Faire des hélas ;** gesticuler en parlant.

HERBE. **Mettre qqn à l'herbe ;** éconduire qqn (notamment, un amoureux).

HÉRODE. **Être en Hérode ;** être en colère, en furie.

HEURE. **Donner l'heure à qqn ;** dire sa façon de penser à qqn.

HEURE DES POULES. **Se coucher à l'heure des poules ;** se coucher de bonne heure.

HIGH. **Être (se sentir)** *high* [*angl.* haut] ; être (se sentir) exalté, galvanisé.

HIVER. **Il ne va pas passer l'hiver !** Il n'en a plus pour longtemps (d'une personne) !

Il fait plus frette l'hiver qu'en campagne. Boutade, pour dire qu'une question est importune, oiseuse.

HOMME. L'homme qui a vu l'homme qui a vu l'ours ! Formule amusante pour qualifier la personne qui colporte des ouï-dire. Se dit aussi d'une chimère.

Ça vous détèle un homme ! Ça vous désarçonne, ça vous fait perdre contenance ! ❖ « Se faire recevoir comme un chien dans un jeu de quilles dans la maison paternelle, ça vous détèle un homme. »

Faire son homme ; faire son fanfaron.

Frapper (rencontrer) son homme ; affronter qqn à sa mesure, qqn de plus costaud que soi. ❖ « Quand il a aperçu ce colosse, il a su qu'il venait de rencontrer son homme. »

HOMMES. Être aux hommes ; préférer sexuellement les hommes.

HONNEURS. Être dans les honneurs ; être institué parrain ou marraine, laisser dépasser son jupon. ❖ « Tu vas être dans les honneurs, ou tu vas aller aux noces (signifie : ton jupon dépasse). » Marthe Hogue, *Un trésor dans la montagne*. « La première fois qu'on est dans les honneurs, si l'enfant est une petite fille, signe de bonheur pour le parrain, si c'est un petit garçon, signe de bonheur pour la marraine. » Sœur Marie-Ursule, *Civilisation traditionnelle des Lavalois*.

HONTEUX. Avoir le honteux tout trempe ; avoir le front en sueur.

HORLOGE. Régulier comme une horloge ; ponctuel, d'une régularité irréprochable.

HORLOGES. Crier à démonter les horloges ; crier à tue-tête. ❖ « Aussitôt qu'il s'est aperçu qu'il avait gagné la partie de cartes, il s'est mis à crier à démonter les horloges. » ❖ *Fr.* Pousser des cris de paon.

HOROSCOPE. Tirer l'horoscope à qqn ; dire toute la vérité à qqn. ❖ *Fr.* Dire ses quatre vérités à qqn.

HOSTIE. Être en hostie (estie, estique, etc.) [fam.] ; être en colère, en furie.

HOULE. Y avoir de la houle. À propos d'une personne ivre qui titube.

HUE. Aller à hue et à dia ; errer, être imprévisible. Se dit d'une personne inconstante, à laquelle on ne peut faire confiance.

Labourer à hue ; labourer à l'endos.

HUILE. Manquer d'huile ; mourir.

Ça roule dans l'huile ! Ça va rondement. ❖ *Fr.* Dans l'huile.

HUÎTRE. Bouché comme une huître ; borné, fermé à la raison, aux arguments.

I. Droit comme un I ; dressé, rectiligne, au garde-à-vous.

ICI. Long comme d'ici à demain ; long, ennuyant. ❖ « Le député a prononcé un discours long comme d'ici à demain ; plusieurs personnes bâillaient dans la salle. »

IDÉE. Perdre l'idée ; perdre l'esprit.

IDÉES. S'enfarger dans ses idées ; bafouiller, s'exprimer de manière confuse, embrouillée.

ÎLE. Être pris comme une île. Avoir une carrure imposante.

IMAGE. Sage comme une image. Se dit d'un enfant très sage.

IMPATIENCES. Avoir des impatiences ; être agité, ne pas tenir en place.

INFIRME. Être infirme avec ses deux bras ; être malhabile, balourd. ❖ « Il est infirme avec ses deux bras, pas moyen de lui faire réparer une poignée de porte. »

INVENTION. Marcher comme une invention ; marcher rondement, parfaitement. ❖ « L'horloge marche comme une invention, elle n'est jamais tombée en panne depuis sa mise en service il y a dix ans. »

IRLANDAIS. Rousselé comme un Irlandais ; avoir beaucoup de taches de rousseur.

JACASSE. Avoir de la jacasse ; parler d'abondance, être volubile (se dit notamment d'un enfant).

JACASSEUX. Être jacasseux ; être mouchard, bavard.

JACK. **Se passer un** *jack* [*angl.* cric] ; se masturber.

Tomber de (en bas de) son *jack* **;** s'effondrer moralement, perdre l'esprit, perdre conscience, subir une crise d'épilepsie.

JACKÉ. Être jacké en l'air ; être juché. ❖ « Elle était jackée en l'air sur ses talons hauts. »

JACKPOT. **Frapper le** *jackpot* [*angl.* gros lot] ; réussir, atteindre le but. Aussi, par dérision, pour dire que l'on a décroché la pire part.

JALOUX. Se boutonner en jaloux ; passer les boutons dans les boutonnières non correspondantes.

JAMBE. Avoir de la jambe. Se dit d'une boisson qui a du goût.

Avoir six pouces de jambe puis le trou d'cul tout de suite [fam.] ; être court de taille.

Partir (rien que) sur une jambe ; déguerpir, filer en oubliant toute civilité.

Se casser une jambe ; accoucher. D'après l'explication naïve que l'on donnait autrefois aux enfants quand la mère accouchait.

JAMBES. Ne pas avoir des jambes de poil ; ne pas être peureux, couard.

Ne pas se casser les jambes à travailler ; lambiner sur la tâche, paresser.

JAMBETTE. Donner une jambette à qqn ; donner un croc-en-jambe, jouer un sale tour à qqn.

Faire qqch. à la jambette ; faire qqch. négligemment, en vitesse.

JARDIN. Quand tu auras fait le tour de mon jardin... Quand tu auras mon expérience... Se dit à celui qui manque d'expérience, notamment à un plus jeune.

JARNIGOINE. Avoir de la jarnigoine ; avoir la parole facile, avoir de l'esprit, être plein de ressort.

JARRET. Avoir du jarret ; être bon marcheur.

JARRETS. Avoir de grands jarrets ; avoir les jambes élancées.

JARS. Faire le (son) jars ; faire son pédant, son prétentieux, se vanter. ❖ « Pendant que ses parents étaient à l'église, ti-Gus faisait son jars devant les créatures. »

JASE. Piquer une jase (jasette) ; bavarder.

JASETTE. Avoir de la jasette ; être volubile, bavard. Se dit notamment d'un enfant qui parle sans arrêt.

JEAN-LÉVESQUE. Faire son petit Jean-Lévesque ; faire son connaissant, son important. ❖ « Ça fait que Tipite Vallerand ayant plus d'ordre à recevoir de personne, nous en donnait sus les quatr'faces, et faisait son petit Jean-Lévesque. » « Tipite Vallerand » dans Louis Fréchette, *Contes de Jos Violon.*

JEANNETTE. Faire pleurer Jeannette ; façon plaisante de dire : uriner, pour un homme.

JELLO. Avoir les jambes en Jello ; avoir les jambes flageolantes. Jello : marque de gelée du commerce. ❖ « Il était tellement intimidé devant le groupe qu'il avait les jambes en Jello. »

JEU DE CHIEN. Tourner en jeu de chien ; tourner à la violence, à la querelle. Se dit de jeux d'enfants qui dégénèrent en violence. ❖ *Fr.* Tourner au vinaigre.

JEUNESSE. Faire sa jeunesse ; faire le fanfaron.

JIB. **Lâcher le** *jib* [*angl.* foc] **;** se détendre, se décontracter, s'exprimer sans retenue.

JOB. **Faire la** *job* [*angl.* travail] **à qqn ;** régler son compte, donner une raclée à qqn.

Faire une *job* ; soulager ses besoins naturels.

Travailler à la *job* ; travailler à forfait, à la pièce.

Vêler sur la *job* ; rechigner à l'ouvrage.

***JOB* DE BRAS. Faire une *job* de bras ;** tabasser qqn, régler son compte à qqn.

JOIE. Se tâter de joie ; exulter.

JOIES. Faire des joies ; s'exalter, faire des démonstrations intempestives de joie (notamment, d'un enfant).

JOS-CONNAISSANT. Faire son (p'tit) Jos-Connaissant ; faire son savant, son érudit.

JOSEPHTÉ. Perdre sa josephté ; perdre sa virginité, pour un homme.

JOUAL DE CARTES. Prendre un joual de cartes ; jouer aux cartes.

JOUAL VERT. Être (se mettre) en (beau) joual vert ; être (se mettre) en colère, en furie. ❖ *Fr.* Sortir de ses gonds.

JOUEUR. Perdre un joueur ; perdre un membre, un sympathisant, se fourvoyer sur la personne. ❖ « S'ils pensent m'embarquer dans leurs manigances, ils vont perdre un joueur. »

JOUR. Bon comme le jour ; d'une grande bonté, d'une grande bienveillance.

Clair comme le jour ; limpide, évident. ❖ « C'était clair comme le jour qu'il était coupable, le procès l'a d'ailleurs démontré hors de tout doute. »

Il fait (ça prend) jour ; avoir l'esprit dérangé.

JOUR DE SES NOCES. Je te servirai le jour de tes noces ! Je te le rendrai bientôt ! ❖ « Aide-moi donc à transporter ce baril, je te servirai le jour de tes noces. » ❖ *Fr.* Renvoyer l'ascenseur.

Ne plus s'en ressentir (souvenir) le jour de ses noces ; oublier rapidement qqch. ❖ « Ta peine d'amour, je te dis, tu ne la ressentiras plus le jour de tes noces. »

JOURNÉE. Avoir sa journée dans le bras (corps) ; être fourbu après une journée de travail.

JOURS GRAS. Ne pas avoir été nourri les jours gras ; être rachitique, maigre.

JUMENT. Senteuse comme une jument ; fouineuse, commère.

JUPES. Rester sous les jupes de sa mère ; avoir des attitudes puériles, être timide (notamment, d'un enfant).

JUPONS. Courailler (courir) les jupons ; rechercher les aventures galantes. ❖ *Fr.* Courir le jupon.

JUS. Être dans le jus ; se trouver dans une situation difficile, inconfortable.

KAPOUTTE. Faire (être) kapoutte [*allemand* « kaputt », fichu] ; se tromper, échouer (être fichu). ❖ « S'il pensait me faire changer d'idée, il a fait kapoutte. »

KETCHUP. C'est fort en ketchup ! C'est incroyable, invraisemblable !

Être (bon en) ketchup ; être hors de l'ordinaire, fameux.

L'affaire est ketchup ; tout va pour le mieux, formidable.

KICK. Avoir le *kick* [*angl.* coup de pied] **(pour, sur qqn)** ; s'amouracher, s'enticher (de qqn). ❖ « Elle a le *kick*, je pense ; tu devrais l'inviter à danser. » *T'es belle, Jeanne*, film de Robert Ménard. ❖ *Fr.* Avoir le béguin pour qqn.

Avoir un (gros) *kick* **à faire qqch. ;** ressentir un plaisir intense à faire qqch. ❖ « J'avais un gros *kick* à voler dans les magasins et jamais je ne me suis fait prendre. »

Faire qqch. pour le *kick* ; faire qqch. pour le simple plaisir.

Perdre le *kick* ; ne plus prendre plaisir (à faire qqch.), perdre son entrain, son allant.

Se donner un *kick* ; se donner de l'exaltation, du plaisir.

KIF-KIF. (C'est) kif-kif ! C'est équitable, ça revient au même. Sens légèrement différent parfois de celui que l'on retrouve en France : c'est égal.

KIT*. Avoir le gros *kit [*angl.* nécessaire] ; jouir de tout le confort souhaitable, posséder toute la panoplie requise.

Avoir tout le *kit* ; avoir tout le nécessaire, voire le superflu.

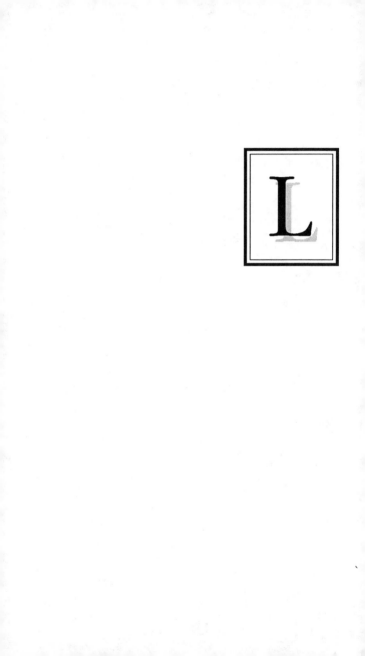

L

LÀ. Ne pas être toute [tout] **là ;** être un peu timbré.

LABOURS. Faire des labours d'automne ; tomber enceinte avant le mariage.

LACETS. Mange pas tes lacets de bottines ! Garde ton calme ! Ne t'énerve pas !

LÂCHEUX. Être (un) lâcheux ; être porté à abandonner, à abdiquer.

LAINE. Avoir des mains de laine ; être malhabile de ses mains. ❖ *Fr*. Avoir des mains de beurre.

Filer de la laine ; ronronner.

Se faire (laisser) manger la laine sur le dos ; se faire (se laisser) abuser.

LAIT. Blanc comme du lait ; très blanc, immaculé.

Retenir son lait ; se laisser désirer, se faire attendre.

LAMES DE RASOIR. Pisser des lames de rasoir ; souffrir de blennorragie. En France : endurer des choses pénibles. ❖ *Fr.* Avoir la chaude-pisse.

LANGUE. Donner sa langue au chat ; avouer son ignorance. Abdiquer.

La chatte t'a mangé la langue ? Tu es muet ? ❖ « Pourquoi ne réponds-tu pas ? La chatte t'a mangé la langue ? »

LANGUE DE VIPÈRE. Être (avoir) une langue de vipère ; aimer médire, dénigrer autrui.

LANGUE RAIDE. Avoir la langue raide ; colporter des ragots.

LANGUETTE. Marcher sur la languette ; s'efforcer de ne pas tituber (en état d'ivresse), avoir une démarche guindée.

LANTAYA. Être comme Lantaya ; aimer jouer des tours. LANTAYA : d'après la tradition, Indien qui aimait jouer des tours.

LAPIN. Chaud comme un lapin ; affectueux, sensuel.

En criant lapin ! En un rien de temps, sur-le-champ ! ❖ « Georgette a fait son gâteau en criant lapin ; quel exploit ! »

Manger comme un lapin ; s'empiffrer.

LAPINE. Chaude comme une lapine. Se dit d'une femme sensuelle, affectueuse.

LARD. Faire du (son) lard ; ne rien faire, paresser.

LARGE. En mener large ; jouir d'une influence certaine.

Pousser qqn au large ; pourchasser qqn.

Va te crisser au large ! Disparais ! Déguerpis ! Injure.

LARGUER. Larguer qqn ; laisser qqn en paix. En France : laisser tomber qqn. ❖ « Veux-tu bien le larguer, on a d'autres chats à fouetter. »

LARMES. Pleurer (avoir) des larmes de crocodile ; feindre la peine, verser des larmes sans repentir réel (se dit notamment d'un enfant).

LAVAGE. Faire son lavage à la main ; se masturber.

LAVER. Se faire laver ; être dépouillé de tous ses biens, de tout son argent. ❖ *Fr.* Se faire lessiver.

LAVETTE. Se mettre en lavette ; se mettre en nage.

LAVEUSE. Habillée comme une laveuse ; mal habillée.

LÈCHE. Passer la lèche ; flatter qqn.

LÉGER DE CROYANCE. Être léger de croyance ; être naïf, crédule. ❖ « Il y avait un gars des Îles qui était léger de croyance : les gens pouvaient lui faire accroire n'importe quoi, il n'était pas méfiant. » Jean-Claude de l'Orme et Ovila Leblanc, *Histoire populaire des Îles de la Madeleine.*

LÈVRES. Se lécher les lèvres ; perdre son temps.

LICENCE. J'ai pas ma licence pour porter les cochons... Je ne t'autorise pas à t'appuyer sur moi ! À quelqu'un qui s'appuie effrontément sur son épaule.

LICHE-LA-PIASTRE. Être un liche-la-piastre ; être avaricieux.

LIÈVRE. Baiser son lièvre ; ravaler son amour-propre, se faire repousser. Se dit de qqn dont l'avis ou le service est repoussé.

Blanc comme un lièvre ; d'une blancheur immaculée, irréprochable. Allusion à la blancheur du lièvre en hiver.

Fou comme un lièvre dans les avents ; agité, nerveux.

Frileux comme un lièvre ; très frileux.

Peureux comme un lièvre ; craintif, timoré.

Plumer son lièvre ; vomir (en état d'ivresse).

LIFT. **Donner (offrir) un** *lift* [*angl.* monter, faire monter qqn en voiture] **à qqn ;** faire monter (offrir de faire monter) qqn en voiture. Calque de l'anglais *to give someone a lift*.

Prendre un *lift* ; monter dans la voiture de qqn, faire monter qqn dans sa voiture.

LIGNE. Fermer (se faire fermer) la ligne (au nez) ; raccrocher (se faire raccrocher) brusquement le téléphone.

Taper [*angl.* «tap», brancher] **une (se faire taper sa) ligne ;** brancher une ligne téléphonique (se faire brancher sa ligne téléphonique) sur table d'écoute.

LIGNES. Traverser (passer) les lignes [*angl.* « lines », frontières] ; traverser la frontière.

LIGUES MAJEURES. Jouer (passer) dans les ligues (lignes) majeures ; en affaires, pouvoir concurrencer les grandes entreprises. Expression issue du vocabulaire du hockey.

LIMONEUX. Être un (beau) limoneux ; être plaignard, pleurnichard, traître.

LINGE. Il ne mange pas de linge, les boutons l'écœurent ; il ne fait pas de bêtises de crainte des conséquences.

Renipper son linge ; rafraîchir ses vêtements.

LION. Fort comme un lion ; très fort, très costaud.

LIVRE. Dans mon livre (à moi)... À mon avis, d'après moi. Calque de l'anglais *in my book.* ❖ « Charlebois a toujours raison dans mon livre à moi. Renaud a exagéré durant son spectacle. » Yves Quenneville, *CBF Bonjour*, Radio-Canada.

Épais comme un livre ; très épais.

Parler comme un (être comme un vrai) livre ; parler en termes savants. ❖ « Tu parles comme un livre, c'est assez achalant ; j'ai pas l'impression de t'entendre, j'ai l'impression de te lire. » *Six heures au plus tard*, Radio-Canada.

LOCHE. Avoir le ventre comme une loche ; être pansu.

LÔDE. Avoir son lôde [*angl.* « load », charge] **;** en avoir assez, être à bout de forces, de patience.

LÔDÉ. Être lôdé [*angl.* « loaded », chargé] **au boutte** [bout] **;** être bourré d'argent. ❖ *Fr.* Riche à craquer.

LOGES. Fou à mener aux loges ; complètement idiot. ❖ *Fr.* Fou à lier.

LOGIQUE. Prends ta logique à deux mains ! Sers-toi donc de ton jugement !

LOIN. Revirer loin ; partir loin, aller loin dans la vie.

LONG. Expliquer qqch. sur le long puis sur le large ; expliquer qqch. en détail. ❖ *Fr.* En long et en large.

LOUCHER. Loucher du bord de qqn ; bigler, reluquer qqn.

LOUP. Manger comme un loup ; manger goulûment.

Noir comme chez le loup ; dans l'obscurité complète. ❖ « Tout était noir comme dans le fond d'un four, noir comme chez le loup ! » Louis Fréchette, *Contes de Jos Violon*.

LOUPS. C'est là que les loups jappent après la lune pour avoir de la galette ; c'est un coin perdu, reculé.

LOUSSE. Être lousse [*angl.* « loose », mou, jeu] ; être large d'esprit, être momentanément prodigue.

Prendre du lousse ; s'offrir du bon temps, s'accorder un peu de liberté.

Se lâcher lousse ; se laisser aller, se mettre à dépenser sans compter, à dilapider son argent. ❖ *Fr.* Délier les cordons de sa bourse.

Se sentir lousse ; se sentir en veine de prodigalité. ❖ « Mettons que je me sente lousse p'is que j'invite la petite secrétaire du bureau au restaurant. » *Samedi de rire*, Radio-Canada.

LOUTRE. Grasse comme une loutre. Se dit d'une femme obèse.

LUETTE. Se mouiller (rincer) la luette ; trinquer, s'enivrer.

LUMIÈRE. Ne pas être une lumière ; ne pas être éveillé, perspicace.

Perdre la lumière ; perdre conscience.

LUMIÈRES. Allume tes lumières (puis arrive en ville] ! Ouvre-toi les yeux, réveille-toi ! ❖ « Allume tes lumières, ti-Paul, on est en train de te manger la laine sur le dos. »

Peinturer les lumières ; brûler un feu rouge.

LUNCH*. Porter le *lunch ; suivre les autres sans arrêt. ❖ *Fr.* Être suspendu aux basques de qqn.

LUNE. Attendre une lune ; attendre longtemps, indéfiniment. ❖ « Ti-Gus va attendre une lune avant que je lui remette son boghei ! »

Être (tomber) dans la lune ; se mettre à rêvasser. ❖ « Je connais ça, moi aussi, avoir la tête ailleurs, tomber dans la lune. » Bernard Noël, *Les Fleurs noires.*

Pisser par-dessus la lune ; uriner à bonne distance (d'un homme).

LUNES. Être dans ses lunes ; être menstruée.

MÂCHEMÂLO. Avoir les jambes en mâchemâlo [*angl.* « marshmallow », guimauve] ; avoir les jambes flageolantes.

MÂCHE-PATATES. Se faire aller le mâche-patates ; parler d'abondance, être volubile.

MACHINE. Ouvrir la machine ; décupler d'efforts.

MACHINE À COUDRE. Parler comme une machine à coudre ; parler sans arrêt.

MÂCHOIRES. Se barrer (débarrer) les mâchoires ; s'abstenir de (se mettre à) parler. ❖ *Fr.* Se la fermer ; se l'ouvrir.

MAGANÉ. Avoir l'air magané ; avoir l'air atterré, fatigué.

MAGASIN. Partir magasin ; ouvrir un commerce.

MAIGRE. Être piqué dans le maigre ; être vexé, piqué au vif.

Le maigre des fesses lui en tombe (tremble) ; il est pris d'effroi.

MAILLOCHE. Avoir une tête de mailloche ; être têtu, obstiné, être timbré.

MAIN. Avoir la main souple ; être prompt à frapper, corriger (notamment un enfant). ❖ *Fr.* Avoir la main leste.

Baiser la main de qqn ; se faire gifler.

Être à main ; être serviable, accommodant.

Être porté à la main ; être plein d'égards.

Être reçu sur la main ; être bien reçu, avec tous les égards.

MAISON. Boire sa maison ; dilapider son bien dans l'alcool.

Casser maison. Cesser d'entretenir un foyer, se disperser (d'une famille).

MAÎTRESSE D'ÉCOLE. Corsée [corsetée] **comme une maîtresse d'école ;** avoir la taille fine.

Savant comme une maîtresse d'école ; érudit.

MAL. Ne pas pouvoir faire de mal à une mouche ; être inoffensif, doux.

Se coucher sur le mal d'une femme [eu.] **;** baiser une femme.

Tomber dans un mal ; rester interloqué, sidéré. ❖ « Quand elle a vu ça, elle est tombée dans un mal. » Suzanne Lévesque, *Touche à tout*, CKAC, juin 1987.

MALADES. Aller aux malades ; aux Îles de la Madeleine, se dit d'une sage-femme qui va aider à un accouchement.

MAL À MAIN. Être (faire son) mal à main ; manquer d'entregent, de délicatesse, être détestable. ❖ « I m'a répond : "Fais pas ton mal à main ni ton fort à bras, ou je m'en vas t'flanquer une mornife." » Rodolphe Girard, *Marie Calumet*.

MAL DE VENTRE. Être comme un mal de ventre. Se dit d'une personne insupportable.

MALADIE SÈCHE. Faire une maladie sèche ; souffrir de complications après un accouchement.

MALHEUR. Avoir le malheur facile ; être porté à la neurasthénie.

MANCHE. Au temps qu'on se mouchait sur la manche ; il y a très longtemps.

Avoir qqn dans sa manche ; être dans les bonnes grâces de qqn. ❖ *Fr.* Avoir qqn à la bonne.

Branler dans le manche ; hésiter, tergiverser, avoir l'esprit dérangé. ❖ « Mais j'hésite, je branle dans le manche comme dit Monkémile qui ne sait pas ce que le verbe branler veut dire pour les Français de Radio-Québec. » Robert Baillie, *Des filles de Beauté*.

Être franc dans le manche ; être bon travailleur, une personne de confiance.

MANCHE À BALAI. Gros (maigre) comme un manche à balai ; maigrichon, élancé.

MANCHE DE HACHE. Couper comme un manche de hache ; mal couper, avoir le tranchant émoussé. ❖ « Le hache-viande coupait comme un manche de hache, on a dû finalement le faire aiguiser. »

MANCHE DE PELLE. Maigre comme un manche de pelle ; maigrichon.

MANCHES À BALAI. Avoir les jambes comme des manches à balai ; avoir les jambes élancées.

MANCHES DE PARAPLUIE. Avoir les jambes comme des manches de parapluie ; avoir les jambes élancées.

MANGE D'LA PELLE. Je m'appelle mange d'la (de, la) pelle ! Se dit à celui qui, sans raison, demande son nom à qqn. Injure. ❖ « Comment t'appelles-tu, mon p'tit morveux ? – Moi, je m'appelle mange d'la (de, la) pelle ! »

MANGER. Qu'est-ce que ça mange en hiver ? Qu'est-ce que c'est ? Formule plaisante pour s'enquérir de la nature de qqch.

Se manger le derrière de la tête ; regretter, s'impatienter.

MANQUE. Y en avoir ben manque ; y en avoir beaucoup, à satiété.

MAPPE. Disparaître (éliminer, faire disparaître qqn) de la mappe ; disparaître, être évincé (évincer qqn).

Être sur la mappe ; être reconnu, jouir d'un certain renom, d'une certaine réputation.

MARABOUT. Être (filer) marabout ; être (se sentir) maussade.

MARBRES. Emporte-les les marbres [angl. « marbles », billes] **!** Assez ! Pour clore une discussion qui devient oiseuse.

MARBLES. **Tomber comme des *marbles*** [*angl.* billes] **;** pleuvoir à verse.

MARCHANDISE. Livrer la marchandise ; agir conformément aux promesses, aboutir selon les prévisions. ❖ « Le ciel a enfin livré la marchandise : depuis deux mois qu'on attendait cette pluie. »

MARCHE. Parler comme il marche (puis il marche mal) ; parler grossièrement. De qqn qui tient un langage déplacé.

MARCHÉS. Prendre qqn dans les marchés ; rouler qqn en affaires, dans une transaction.

MARDE. Donner (prendre) de la marde [fam.] **;** injurier, chicaner qqn (se faire injurier, chicaner). Calque de l'anglais *to give someone shit.*

Faire de la marde [fam.] **;** faire du désordre, causer des ennuis.

Il y a de la marde dans l'air [fam.] ! C'est incroyable, inattendu ! Exprime l'étonnement.

Mange de la (un char de) marde [fam.] ! Disparais ! Va te promener !

Manger de la marde [fam.] ; essuyer des difficultés, de la misère.

Ne pas valoir de la marde [fam.] ; n'avoir aucune valeur.

Se faire aller la marde de tête [fam.] ; se creuser l'esprit, méditer.

MARDE DE PAPE. Rare comme de la marde de pape ; rarissime, précieux. ❖ « On ne trouve plus de crème à fouetter, c'est devenu rare comme de la marde de pape. »

MARDI GRAS. Enterrer le Mardi gras ; fêter la fin du carnaval.

MARÉE. Faire marée ; traverser un plan d'eau lors d'une marée et revenir à la marée suivante.

MARGAU. Manger comme un margau ; s'empiffrer. Margau : sauvage (*Glossaire du parler français*).

MARGOULETTE. Casser (se faire casser) la margoulette ; donner (se faire donner) une raclée. En France, dans la langue populaire, MARGOULETTE : bouche, mâchoire. En Normandie, MARGOUILLER : manger salement.

Se casser la margoulette ; échouer, se faire mal en tombant, manquer son coup.

MARIE-CATAUD. Être une Marie-Cataud (Marie-Catoche, Marie-Catouche) ; être mal accoutrée.

MARIE QUAT'POCHES. Être une (habillée comme) Marie quat'poches. Se dit d'une femme mal habillée. MARIE QUAT'POCHES : vendeuse itinérante.

MARIONNETTE. Danser comme une marionnette ; danser avec entrain, en se contorsionnant. MARIONNETTE : aurore boréale.

MARMOTTE. Croquer marmotte ; attendre, languir, ronger son frein. ❖ « Rendue vieille, elle croquait marmotte toute la journée devant la fenêtre. »

Dormir comme une marmotte ; dormir d'un sommeil profond. ❖ *Fr.* Dormir comme un loir.

Éveillé comme une marmotte. Se dit d'un enfant agité.

MARS. Arriver comme mars en carême ; arriver immanquablement, fatalement. L'expression s'emploie également en France.

MASSE. Descendre (tomber) comme une masse ; descendre (tomber) lourdement.

MASSES. Avoir (s'envoyer) les masses en l'air ; gesticuler de colère, par exubérance.

MASTIC. Dur comme du mastic ; très dur.

MATAMORE. Faire son (p'tit) matamore ; faire son (petit) fanfaron. Notamment d'un enfant qui veut faire son homme.

Fort comme un matamore ; très fort, costaud.

MATIÈRE GRISE. Ta matière grise fait de la chaise longue ! Avoir l'esprit engourdi, être peu éveillé.

MAUDIT. Ça parle au maudit ! C'est incroyable, étonnant ! Indique la surprise, l'ahurissement.

Être (se mettre) en (beau) maudit ; se mettre en colère, en furie.

Faire qqch. au plus maudit ; faire qqch. au plus vite, au plus pressant.

Il y a du maudit là-dedans ! Il y a de la sorcellerie, qqch. d'incompréhensible, de mystérieux là-dedans. Maudit : Satan.

MAUVAIS. Se mettre au mauvais. Du ciel qui s'assombrit, annonçant du mauvais temps.

MAUVAIS COTON. Filer un mauvais coton ; se sentir de mauvaise humeur. ❖ « Vaut mieux ne pas lui parler, à ti-Jos, aujourd'hui, parce qu'il file un mauvais coton. » ❖ *Fr.* Être de mauvais poil.

MAUVAISE ADRESSE. Avoir la mauvaise adresse ; se tromper sur la personne. ❖ *Fr.* Frapper à la mauvaise porte.

MAUX. Avoir les maux qui courent ; avoir la diarrhée.

MÉCHANT. Un méchant (gars, contrat, etc.) ; un (gars, contrat, etc.) sérieux, solide.

MÈCHE. Attendre une mèche ; attendre longtemps.

En avoir pour une mèche à attendre ; en avoir pour longtemps à attendre. Allusion à la mèche de la lampe à huile.

MÉLASSE. Être reçu comme la mélasse en carême ; être reçu à bras ouverts. ❖ « Et, comme Fifi Labranche avait pas oublié son ustensile, je vous garantis qu'on fut reçus comme la m'lasse en carême. » Louis Fréchette, *Contes de Jos Violon.*

Mettre de la mélasse sur les pattes de qqn ; tromper qqn (notamment son amoureux) avec un rival.

MÊME. Être du même et du pareil ; être égal, équivalent. ❖ *Fr.* Être du pareil au même.

MÉMOIRE. Avoir une mémoire de chien ; avoir une mémoire remarquable. ❖ *Fr.* Avoir une mémoire d'éléphant.

MÉNÉ. Ne pas être un petit méné [*angl.* « minnow », vairon] **;** être une personne importante.

MENTIR. Mentir à tours de bras ; mentir à qui mieux mieux.

Mentir comme il respire ; mentir sans arrêt. ❖ « C'est une seconde nature chez lui, il ment comme il respire. »

MÈRE. S'ennuyer de sa mère ; attendre impatiemment l'issue de qqch., être aux abois. Se dit à propos de qqch. d'insupportable. ❖ « Il s'est fait brasser le canayen au cours de son enterrement de vie de garçon ; on sentait qu'il s'ennuyait de sa mère. »

MÈRE MOUTONNE. Ne pas barrer qqn pour une mère moutonne ; ne pas vouloir échanger la compagnie de qqn contre celle d'une autre personne.

MERLE. Fin comme un merle ; perspicace, intelligent, rusé.

MESOUNE. Avoir (faire) de la mesoune ; avoir (faire) de l'argent.

MESSIE. Attendre le messie. Se dit d'une femme qui attend d'accoucher. Aussi, **attends-tu le messie ?** Grouille-toi ! Remue-toi !

METTRE. Mets-en ! Tu parles ! Plus que tu penses ! ❖ « Tu t'amuses beaucoup ? Mets-en ! »

Se mettre ; baiser. ❖ « On se met jamais sur les marches d'église, nous autres. » *Le Grand Jour*, Radio-Canada.

Tu peux (bien) te le mettre là où tu penses ! Je n'ai que faire de ton avis (ton opinion, etc.).

MICMAC. Faire un (beau) micmac ; causer un embrouillamini. En France : manigance, intrigue. ❖ « Ça va vous faire un beau micmac, tout ça, cette loi sur l'affichage bilingue. » Guy Bouthiller, président du mouvement Québec français, dans une allocution.

MIDI. Être midi à quatorze heures ; être lambin, toujours en retard.

Maigre comme midi en carême ; très maigre.

Ne pas attendre midi (à) quatorze heures ; ne pas attendre longtemps. En France, chercher midi à quatorze heures : compliquer les choses. ❖ « Il n'a pas attendu midi à quatorze heures : il est parti avant que l'autre ne revienne. »

MILLE. Courir son mille ; déguerpir, courir à toute vitesse.

MILLES. Être sur ses derniers milles ; être à bout de forces, de ressources. ❖ « Cette vieille voiture était sur ses derniers milles, nous étions obligés de la pousser à tout bout de champ. »

MILLE VINGT. Chaussée en mille vingt. Dans la région de Québec, se dit d'une femme qui a une poitrine opulente.

MINE. Ça vous met de la mine dans le crayon [eu.] **!** Ça vous revigore (particulièrement sur le plan sexuel). ❖ « À voir toutes ces jolies femmes, ça vous met de la mine dans le crayon. »

MINOT. Passer le minot à la baguette ; ne pas en mettre, en faire plus qu'il ne faut.

MINOUCHE. Faire minouche ; caresser, flatter.

MINOUNE. Farder une minoune ; maquiller les imperfections d'une guimbarde. S'emploie notamment chez les vendeurs d'automobiles d'occasion. ❖ « Il a fardé cette minoune afin de la revendre le double du prix qu'elle lui avait coûté. »

MISÈRE. Annoncer la misère ; avoir l'air maladif.

…comme la misère sur le pauvre monde. Se dit de qqch. d'inéluctable, d'inévitable.

Être mangé (rongé) par la misère ; être rongé, submergé de malheurs.

Manger de la (grosse) misère ; essuyer beaucoup de malheurs, de pauvreté.

MITAINE. Aller comme une mitaine. Se dit d'un vêtement seyant. ❖ *Fr*. Faire comme un gant.

Faire qqch. à la mitaine ; faire qqch. à la main (plutôt qu'avec un outil).

Sonner sa mitaine à qqn ; éconduire qqn (notamment, un amoureux).

MITAINES. Le vent est du côté des mitaines ; le vent est froid.

MITT. **Ça tape dans la *mitt*** [*angl*. gant] **!** C'est déplaisant, laid !

MODE. Arranger qqch. à la mode ; arranger qqch. à la pleine satisfaction de la personne, bien arranger qqch. ❖ « Vous lui direz que c'est moi qui vous envoie ; vous allez voir, il va vous arranger ça à la mode. »

MOELLE. Vider l'os de sa moelle ; épuiser. ❖ « Monter toutes ces poches au grenier, ça vide l'os de sa moelle. »

MOINE. Gras comme un moine ; obèse, gros.

Se faire aller le moine ; se masturber.

Tourner (aller) comme un moine ; tourner (aller) à la perfection. ❖ « Ce moteur tourne comme un moine, une vraie merveille de mécanique.

MOINEAU. C'est tout un moineau ! C'est tout un phénomène !

Le temps de crier : moineau ! Aussitôt, en un rien de temps. ❖ « Le temps de crier : moineau, on était parti rien que sur une fripe. »

MOLLO. Prends ça mollo ! Ne t'emballe pas, ne t'énerve pas !

MONDE. Être venu au monde le jour de sa fête ; n'avoir aucune expérience, n'avoir aucun jugement.

Faire qqch. comme du monde ; faire qqch. d'une manière convenable.

Il y a (ça fait) du monde à la messe (à la *shop* [*angl.* atelier]) ; il y a beaucoup de monde, il y a foule.

Il y a trop de monde pour faire la soupe ! Il y a trop de monde d'impliqué !

Ne pas être du monde ! Être détestable, dissipé (notamment, d'un enfant). ❖ « C'est pas du monde, ce petit démon ; pas moyen de le retenir. »

MONSIEUR. Faire qqch. (agir) en monsieur ; faire qqch. (agir) courtoisement, d'une manière civilisée. ❖ *Fr*. Se comporter en gentleman.

Y aller en monsieur ! Y aller en vitesse, y aller à toute vitesse.

MONTAGNES. Se faire des montagnes avec (pour) des riens ; s'emporter, s'énerver pour rien.

MOPPE. Avoir (faire) la moppe [*angl.* « mop », serpillière] **;** faire la moue, bouder.

MORFONDURE. Avoir la morfondure ; être transi.

MORNIFFE. Donner (prendre) une morniffe [mornifle] **;** donner (essuyer) une gifle, une raclée.

MORS. Ronger son mors ; s'impatienter.

MORS AUX DENTS. Prendre le mors aux dents ; s'emballer, prendre panique, s'énerver.

MORT. C'est pas la mort d'un homme ! C'est pas si difficile que ça !

Ennuyant comme la mort. Se dit d'un ennui insupportable. ❖ *Fr*. D'un ennui mortel.

Être mort de rire ; jubiler, être au comble de la joie, de la satisfaction, exulter. ❖ « Les Libéraux sont morts de rire : plus de 4 millions de dollars en caisse et l'assurance que la prochaine élection... » *La Presse*, juin 1984.

Faire le mort ; se taire, ne pas se faire remarquer.

Fort comme la mort. Se dit d'une grande force.

Lent comme la mort. Se dit d'une grande lenteur.

Mourir de sa belle mort ; mourir de mort naturelle.

Pâle comme la mort ; livide, d'une pâleur cadavérique.

Tiens ça mort ! N'en parle pas ! Garde ça pour toi ! ❖ « Tiens ça mort, il ne faudrait pas qu'Arthur apprenne la mort de son cheval. »

Tranquille comme la mort. Se dit d'un calme, d'un silence absolu. ❖ « Cette maison est tranquille comme la mort ; je n'ai rien entendu de tout l'après-midi. »

MORUE. Boire comme une morue ; boire beaucoup, trinquer. Se dit notamment d'une personne qui boit beaucoup d'alcool.

MOSSELLE. Avoir de la mosselle [*angl.* « muscle », force musculaire] ; être fort. ❖ *Fr.* Avoir des biscoteaux.

MOSUSSE. Être (se mettre) en mosusse [*angl.* « Moses », Moïse] ; être, se mettre en colère.

MOTEURS. *Wo* les moteurs ! Ça suffit ! C'est assez ! C'en est trop !

MOTS. Avoir des mots avec qqn ; argumenter, se quereller avec qqn.

MOTTON. Avoir le motton (dans la gorge) ; avoir beaucoup d'argent, avoir le cœur gros, la gorge serrée. ❖ *Fr.* Avoir le magot.

Faire le motton ; faire de l'argent. ❖ *Fr.* Gagner le magot, du fric.

MOUCHE. Être une (faire sa, collant comme une) mouche à marde. Se dit d'un raseur et notamment d'un enfant qui n'arrête pas d'importuner.

Être une mouche à trois culs ; être compliqué, embarrassant.

Fin(e) comme une mouche ; rusé, perspicace. ❖ « Elle est fine comme une mouche, pas moyen de l'amadouer par de belles paroles. »

Prendre mouche (les mouches) ; se mettre en colère, s'emporter. ❖ *Fr.* Prendre la mouche.

Tomber dru commme mouche(s). Se dit notamment d'une pluie battante.

Vif comme une mouche ; vif, agile, espiègle (notamment, d'un enfant). ❖ « Le petit Charles, qui est vif comme une mouche, s'est rapidement sauvé après avoir volé des pommes chez le voisin. »

MOUCHER. Se faire moucher ; se faire rabrouer, se faire donner une leçon.

Se moucher en charniolle ; se moucher des doigts.

MOUCHES. Coller les mouches au plafond ; se masturber.

Mettre les mouches à qqn ; corriger, tromper qqn.

Se faire mettre les mouches ; essuyer une correction, se faire semoncer. Allusion aux « mouches de moutarde », bien connues.

MOUKMOUK. Avoir l'air (être) moukmouk ; avoir l'air (être) niais, bizarre.

MOULE À PLOMB. Rousselé comme un moule à plomb ; avoir beaucoup de taches de rousseur.

MOULIN À COUDRE. Parler comme un moulin à coudre (moulin à battre) ; parler d'abondance, sans arrêt. ❖ *Fr*. Être une vraie pie.

MOUTON. Doux comme un mouton ; doux, inoffensif, pacifique. Se dit également en France.

Être mouton ; toujours suivre l'opinion d'autrui, manquer de caractère.

Frisé comme un mouton. Se dit d'une chevelure très frisée. Notamment à propos d'un enfant. ❖ « Dans le défilé de la Saint-Jean, le petit saint Jean-Baptiste était frisé comme un mouton. »

Partir comme un mouton ; mourir, s'éteindre doucement, sans démonstration intempestive. ❖ « Il est parti comme un mouton, on ne s'est même pas aperçu qu'il venait de mourir. »

Se coucher en mouton ; se coucher tout habillé.

MOYEN MOUSSE. Être un moyen mousse ; être tout un personnage, être haut en couleur, coquin, fonceur (notamment, d'un enfant).

MOYEN MOX. Être un moyen mox ; être rude, costaud, brave.

MOYENS. Être en moyens ; être à l'aise financièrement.

MULE. Être mule ; être têtu, obstiné. Se dit notamment d'un enfant. ❖ *Fr*. Têtu comme une mule.

MÛRE. Noir comme une mûre ; très noir.

MUR À MUR. Une assurance (garantie, etc.) mur à mur ; une assurance (garantie, etc.) absolue, qui assure une couverture complète, qui prévoit toutes les éventualités.

MURS. Raser les murs ; souffrir d'une timidité extrême.

MY EYE. **(Qqch.)** *my eye* **!** [*angl*. mon œil]. Tu rigoles ! ❖ « Un service, *my eye* ! Il voulait que je lui donne dix fois plus en retour. » ❖ *Fr*. Mon œil !

NANANE. Être un (bel) enfant de nanane ; être un (beau) salaud. ❖ *Fr.* Être un bel enculé.

NARINES. Parler à qqn dans les narines ; chapitrer qqn.

NAVETS. Avoir des navets dans les mollets ; avoir les jambes flageolantes.

NÈGRE. Déculotter un nègre. Se dit quand deux personnes prononcent les mêmes paroles en même temps.

Malade comme un nègre ; très malade.

NEIGE. Blanc comme neige. Se dit d'une totale innocence, d'une blancheur immaculée. ❖ « À l'entendre au procès, il était blanc comme neige ; d'après lui, il n'avait strictement rien à se reprocher. »

NEIGER. Avoir (déjà) vu neiger (avant aujourd'hui) ; avoir l'expérience de la vie. Souvent, pour répondre à qqn qui table sur la naïveté d'autrui.

NERF. Être sur le (gros) nerf ; être (très) nerveux, tendu, agité. ❖ « Elle était "sur le gros nerf" comme on dit ! Tendue, anxieuse, agitée… » Russell Calvert, « Le piège des perceptions », *La Nouvelle*, vol. 6, n° 44.

Pile-toi pas sur le gros nerf [iron.] ! Ne te presse pas ! Par dérision, à l'égard de qui prend tout son temps pour accomplir qqch.

Tomber sur (à ras) le gros nerf ; irriter, taper sur les nerfs.

NERFS. Avoir (être sur) les nerfs ; être nerveux, irritable.

Les nerfs ! Calme-toi ! « Toi et tes ci et tes ça – Aïe, toi, les nerfs ! »

Poigner (prendre) les nerfs ; se mettre hors de soi, perdre tout contrôle. ❖ « Cher papa, s'il te plaît, ne prends pas les nerfs. » « Cher papa… », *La Presse*, août 1987. ❖ *Fr.* Perdre son sang-froid.

Tomber sur les nerfs ; agacer, irriter. ❖ *Fr.* Taper sur les nerfs.

NET FRET SEC. Faire qqch. net fret sec ! Faire qqch. tout de go, d'une seule traite. ❖ *Fr.* Faire qqch. en deux temps trois mouvements.

NEUF HEURES. Sortir (être sorti) après neuf heures ; rechercher les aventures galantes, avoir déjà eu des aventures galantes.

NEUTRE. Être (tomber) au neutre ; s'arrêter, cesser toute activité. ❖ « J'ai entendu parler d'une police qui était tombée au neutre ; elle ne s'était pas présentée au travail depuis deux semaines. »

NEWFIE. Être newfie ; être nigaud, niais. NEWFIE : Terre-neuvien, dans la langue populaire.

NEZ. Faire baisser le nez à qqn ; faire honte à qqn, réprimander qqn. ❖ « Le professeur lui a fait baisser le nez en raison de ses mauvaises notes le mois dernier. »

Mettre le nez de qqn dedans ; faire prendre conscience à qqn de ses fautes, de ses responsabilités.

Parler à qqn (se faire parler) dans le nez ; réprimander vertement qqn, se faire engueuler. ❖ *Fr.* Se faire dire ses quatre vérités.

Péter (tordre) (se faire péter, tordre) le nez ; donner (se faire donner) une raclée.

Puer au nez ; dégoûter, horripiler. ❖ « La période de l'impôt, c'est un temps qui, personnellement, me pue au nez. » Jean-Luc Mongrain, *Mongrain de sel*, CFTM-TV.

Se manger le nez ; tenter l'impossible.

NIAISE. Attraper sa niaise ; déchanter, perdre contenance. ❖ « Quand elle va nous voir arriver, je te jure qu'elle va attraper sa niaise. »

NIAISER. Niaiser ça ; retarder, tergiverser. ❖ « Des fois, on n'a pas le temps, alors, on niaise ça ! »

Niaiser qqn (ben raide, se faire niaiser [ben raide]) ;
se moquer de qqn (faire moquer de soi). ❖ « Elle est en
train de me niaiser ben raide avec ses excuses niaiseuses
pour ne pas sortir avec moi. »

NID DE GUÊPES. S'asseoir sur un nid de guêpes.
Subir des ennuis qu'on s'est attiré par sa propre étourde-
rie.

NIPPES. Se mouver [*angl.* « move », bouger] **les
nippes** ; se remuer.

NOCES. Aller comme à des noces ; se dérouler parfaitement, sans anicroches.

Aller quelque part comme aux noces ; aller d'emblée
quelque part.

Être aux noces ; être comblé. ❖ *Fr*. Être au septième
ciel.

Faire noces de chien ; se marier pour motif sexuel.

Faire qqch. tant qu'à des noces ; faire qqch. à fond, à
profusion.

Gai comme aux noces ; très gai, joyeux.

N'avoir jamais été à de telles noces ; ne s'être jamais
fait traiter de la sorte.

Ne pas être aux noces ; ne pas se trouver dans une
situation facile.

NŒUD. Frapper un (gros) nœud ; rencontrer un obstacle (important), une (grosse) embûche.

NŒUDS. Ne pas être clair de nœuds ; ne pas être sans défaut, sans faille.

NOIR. Coucher au noir ; coucher dans le bois, à l'affût.

Être noir de monde ; y avoir foule.

Être noir de rire ; exulter, jubiler.

NOIX. Tomber sur la noix de qqn ; exaspérer qqn, semoncer qqn.

NOMBRE. Avoir son nombre. Se dit d'une mère qui a le nombre d'enfants qui convient dans une famille.

NOMBRIL. Avoir encore le nombril vert ; être encore inexpérimenté, trop jeune. Dit notamment par un adulte à un plus jeune.

Même pas avoir le nombril sec (mûr) ; être encore trop jeune, trop inexpérimenté.

Se laisser sécher le nombril ; prendre de l'expérience, vieillir. ❖ « Si on est trop gêné pour en parler avec son père trop savant, on est mieux de se laisser sécher le nombril. » Robert Baillie, *Des filles de Beauté*.

Se prendre pour (se croire, se penser) le nombril du monde ; se donner une importance exagérée. ❖ « Ti-Gus se prenait toujours pour le nombril du monde, il n'arrêtait pas de régenter tout un chacun. »

Se regarder le nombril ; s'admirer inconsidérément.

NOMS. Crier (se faire crier) des noms ; injurier (se faire injurier).

NOUNOUNE. Avoir l'air (être) nounoune ; avoir l'air (être) niaise (d'une femme ou d'une jeune fille).

NOWHERE. **Aller (partir) dans (sur) un** *nowhere* [*angl.* nulle part] **;** en amour, partir à l'aventure, en ignorant sa destination et parfois, l'identité du ou de la partenaire. ❖ « Elle est partie sur un *nowhere* avec un groupe d'amis et elle n'est revenue que trois jours plus tard. »

NUMÉRO. Avoir le numéro de qqn ; bien connaître qqn, avoir jaugé qqn. Pour dire qu'il faut s'en défier.

NUMÉRO UN. C'est numéro un ! C'est parfait, impeccable. Calque de l'anglais *number One !*

OBLIGÉ. Se marier obligé ; se marier par obligation (parce qu'on est enceinte).

ODEUR DE SAINTETÉ. Ne pas avoir qqn en odeur de sainteté ; ne pas aimer, apprécier qqn.

ŒIL. Avoir un œil qui se crisse bien de l'autre ; loucher. ❖ *Fr.* Avoir un œil qui dit merde à l'autre.

ŒUF. Assez gratteux pour (pouvoir) tondre (sur) un œuf ; avaricieux.

Avoir la face (être rousselé) comme un œuf de dinde ; avoir beaucoup de taches de rousseur sur la figure.

Donner un œuf pour avoir un œuf [péj.] **;** s'attendre à recevoir autant qu'on a donné.

Paqueté (plein, rond) comme un (l') œuf ; ivre mort. ❖ « Après avoir ingurgité douze bières, il était paqueté comme un œuf. »

Plein comme un œuf ; avoir beaucoup d'argent, être fortuné.

Tomber gros comme un œuf. Se dit de la pluie qui tombe à verse ou de la neige qui tombe en gros flocons.

ŒUFS. Donnes-y des œufs ! Vas-y, tiens bon ! Formule d'encouragement.

Faire ses œufs ; avoir ses menstruations.

OFF. **Avoir (prendre) son jour (sa semaine, etc.)** *off* [*angl.* repos] ; avoir (prendre) son jour (sa semaine, etc.) de congé, de relâche.

OFFICIEL. C'est officiel ! C'est certain ! C'est reconnu ! ❖ « Au hockey, les Canadiens sont meilleurs que les Russes, c'est officiel ! »

OIGNON. Être habillé (s'habiller) comme un oignon ; porter plusieurs couches de vêtements pour se protéger du froid.

Se coucher en oignon ; se coucher tout habillé.

OIGNONS. Se mêler (s'occuper) de ses oignons ; s'occuper de ses affaires. ❖ « Mêle-toi de tes oignons, petit écornifleux ! »

OISEAU. Être comme un oiseau sur une branche ; être instable, ne pas tenir en place.

Libre comme l'oiseau dans l'air. Se dit d'une liberté absolue.

OISEAUX. Être aux (p'tits) oiseaux ; être comblé. ❖ « Avec sa famille auprès de lui sur le chantier, il était aux p'tits oiseaux. » ❖ *Fr.* Être au septième ciel.

OMBRE. Lent comme l'ombre du midi ; d'une grande lenteur, lambin. ❖ « Pépère était lent comme l'ombre du midi à s'habiller, il fallait toujours l'attendre pour aller à la messe. »

Ne pas voir l'ombre du bout du quart de qqch. ; ne rien voir de qqch. ❖ « Et les contribuables du Québec n'ont pas vu l'ombre du bout du quart d'une réduction d'impôt. » Jean Blouin, « Les camouflés, les invisibles et les disparus », *L'Actualité*, mai 1985.

ONGUENT. Mets-en, c'est pas de l'onguent ! Mets-en beaucoup, en quantité ! Tu peux en ajouter !

OPÈNE. Être opène [*angl.* « open », ouvert] ; avoir l'esprit ouvert, être généreux.

OREILLES. Avoir les oreilles chromées ; être peu raffiné, être brillant, être pomponnée (d'une femme).

Avoir les oreilles dans le crin ; prendre un air menaçant, sournois, être irrité. ❖ « Après avoir été déshérité en faveur d'un autre membre de la famille, il a eu les oreilles dans le crin pendant un an. »

Avoir les oreilles molles (longues) ; être paresseux, lambin. ❖ « Ce gars a les oreilles molles, pas moyen de lui faire déplacer les poches de pommes de terre. »

Commencer à coucher (se mettre à canter) les oreilles ; se mettre en colère. ❖ *Fr.* La moutarde lui monte au nez.

Droit comme des oreilles de lapin ; dressé.

Se faire baisser les oreilles ; se faire couper les cheveux.

Se tenir droit et avoir les oreilles molles. Façon plaisante de dire : se tenir au garde-à-vous.

Sonner (se faire sonner, tirer) les oreilles ; donner (subir) une correction (notamment un enfant). ❖ *Fr.* Frotter les oreilles de qqn.

ORÉMUS. Faire des orémus ; réciter des prières, gesticuler. ❖ *Fr.* Marmonner des orémus.

ORGUEIL. Monter en orgueil. D'une plante qui pousse sans produire de fruit. Aussi, d'un enfant d'allure frêle, qui ne grandit qu'en hauteur.

ORIGNAL. Câler [*angl.* « call », appeler] **l'orignal (à côté de la bolle).** Se dit d'une personne ivre qui, gémissant à côté de la cuvette avant de vomir, évoque le cri de l'orignal.

Devenir orignal ; s'exciter sexuellement (d'un homme).

OS. Jeter ses os gras ; gaspiller, dilapider son bien.

...jusqu'à l'os. Superlatif. Ainsi, fourré jusqu'à l'os, se moquer jusqu'à l'os de qqn, etc. ❖ « Il y a des commerçants qui vont en profiter jusqu'à l'os. » Jacques Parizeau, *Montréal ce soir*, août 1989.

OSSELETS. Serrer les osselets à qqn ; rudoyer qqn.

OSTINEUX. Être (bien) ostineux [obstineur] **;** aimer contredire, être chicaneur.

OUAQUE. Lâcher (lancer) un ouaque ; lancer un cri.

OUÏES. Serrer (souincer, se faire serrer, se faire souincer) les ouïes ; savonner, corriger qqn (se faire savonner, corriger). Se dit notamment d'un enfant. ❖ *Fr.* Frotter les oreilles à qqn.

OURS. Avoir faim comme un ours ; être affamé.

Avoir mangé de l'ours ; être maussade, enceinte.

Capable (fort) comme un ours ; très fort, costaud. ❖ « Louis Cyr était capable comme un ours et bâti comme un pan de mur. »

Dormir comme un ours ; dormir d'un sommeil profond. ❖ *Fr.* Dormir comme un loir.

Faire la passe de l'ours à qqn ; tromper, berner qqn.

Guetter les ours ; attendre l'accouchement, aider à l'accouchement.

Manger (se bourrer) comme un ours ; s'empiffrer.

OUVRAGE. Pas regarder l'ouvrage ; être travaillant, ne pas compter ses efforts.

OVERALLS. **Enfirouaper ses** *overalls* [*angl.* salopette] ; enfiler sa salopette.

OVERTIME. **Faire de l'***overtime* [*angl.* heures supplémentaires] ; travailler en surtemps, en faire plus que nécessaire, faire la bombe.

PACAGE. Mettre qqn au pacage ; éconduire qqn (notamment un amoureux).

PAILLE. La paille est cassée. Se dit de deux amoureux qui se séparent.

Tomber dru comme paille. Se dit d'une pluie battante.

PAIN. Ambitionner sur le pain bénit ; ambitionner, abuser de sa bonté, de sa sollicitude.

Bon comme du pain bénit (comme du bon pain) ; très bon, aimable, compatissant. En France, (c'est) pain bénit : bien mérité.

Comme du pain chaud ; sans difficulté. ❖ « Duplessis, il est rentré ici comme du pain chaud. » Une habitante de l'île d'Orléans, *Première ligne*, Radio-Québec, décembre 1988.

Être né pour un p'tit pain ; devoir rester inexorablement pauvre. Un adage populaire : Quand on est né pour un petit pain, on reste avec un petit pain.

Être pris dans un (en) pain ; rester figé sur place, être intimidé, peu sûr de soi.

Grossier comme un pain d'orge ; très grossier. S'emploie en France.

Le pain des noces dure encore. Se dit d'époux qui se témoignent de l'affection après plusieurs années de mariage.

Manger son pain noir de bonne heure ; connaître la misère, des revers, jeune.

Marcher comme si on avait perdu un pain de sa fournée ; marcher le dos voûté.

Ôter le pain de la bouche à qqn ; priver qqn de l'essentiel. « Ce spéculateur a ôté le pain de la bouche à ce pauvre père de famille et l'a jeté, lui et les siens, à la rue. »

Perdre un pain de sa cuite (fournée) ; perdre une partie de son bien, essuyer un revers de fortune, une déception, perdre contenance.

Pouvoir manger un pain sur la tête de qqn ; dépasser qqn en taille. ❖ « Il avait cessé d'agiter la machine et fait une couple de pas en avant, parlant presque sous le menton de Marie Calumet. Celle-ci, pour employer la vieille locution canadienne, pouvait lui manger un pain sur la tête. » Rodolphe Girard, *Marie Calumet*.

Prendre en pain ; se figer.

S'ôter le pain de la bouche ; se priver de l'essentiel (en faveur de qqn).

PAINS. Partir (se vendre) comme des petits pains chauds. D'une marchandise qui s'envole rapidement. ❖ *Fr.* Se vendre comme des petits pains.

PAIR. Mettre (prendre) du temps à faire son pair(e) ; lambiner, prendre beaucoup de temps pour accomplir qqch.

PALETTE. Avoir (faire) la (grosse) palette ; avoir (faire) beaucoup d'argent. ❖ *Fr.* Avoir (faire) le magot.

Avoir la palette du genou plate ; être paresseux, inventer des prétextes pour ne rien faire.

Se faire prendre la palette ; se faire chicaner.

Se licher [lécher] **la palette ;** garder une rancune tenace. ❖ *Fr.* Ronger son frein.

Se licher (se gratter) la palette du genou ; perdre son temps à des insignifiances.

PALISSADE. Passer par-dessus la palissade ; partir s'amuser en dépit des interdictions (notamment, d'un enfant).

PÂMER. Se pâmer violette ; rougir, s'extasier. ❖ « ...aime moins son prodige enrubanné de bleu qui se pâme violette en tirant sur ses boucles d'oreilles. » Robert Baillie, *Des filles de Beauté*.

PAN DE MUR. Bâti comme un pan de mur. Se dit d'un homme de carrure imposante.

PANIER. Être un panier percé ; être un mouchard, un dénonciateur. Employé notamment entre enfants. En France, PANIER PERCÉ : personne prodigue.

Ouvrir le panier de crabes ; dévoiler une affaire louche. En France, PANIER DE CRABES : groupe de gens qui cherchent mutuellement à se nuire.

PAON. Être reçu comme un paon ; être reçu en grande pompe.

Fier (orgueilleux) comme un paon ; orgueilleux, poseur.

PAPE. Va voir le pape ! File ! Déguerpis !

Saoul comme un pape ; ivre mort.

PAPIER. Je t'en passe un (je t'en signe un, mon) papier ! Je t'assure ! ❖ « …T'es un homme à te remonter le sifflet dans Pointe-Lévis, je t'en signe mon papier ! » Louis Fréchette, *Contes de Jos Violon.* ❖ *Fr.* Je t'en fiche mon billet.

PAPIERS. Être mêlé dans ses papiers ; avoir l'esprit confus, embrouillé, être confus dans ses propos.

Faire des papiers ; remplir un contrat.

PÂQUES. Faire Pâques avant (les) Rameaux ; posséder une femme avant le mariage.

Faire des Pâques de renard ; faire ses Pâques en retard ou à la dernière minute.

Fêter Pâques avant le carême ; devenir enceinte avant le mariage. ❖ *Fr.* Emprunter un pain sur sa fournée.

PAQUET. Arriver avec un paquet ; arriver enceinte.

Avoir le paquet ; avoir beaucoup d'argent.

PAQUETÉ. Être paqueté (aux as) ; ivre mort, bourré d'argent. ❖ « ...maigre public outré, paqueté aux as par nos sornettes de ventriloques malhabiles ? » Robert Baillie, *Des filles de Beauté*.

PAQUETER. Paqueter une réunion, une assemblée, etc. ; noyauter une réunion, une assemblée, etc.

Se paqueter ; s'enivrer.

PAQUETS. Porter les (des) paquets ; moucharder (notamment entre enfants).

PARESSEUX. Se coucher en paresseux ; se coucher tout habillé.

PARFAIT. C'est dans le (très) parfait ! C'est parfait, impeccable !

PARKING. Faire du *parking* ; se bécoter dans une voiture en stationnement.

PARLABLE. Qqn de parlable (de pas parlable) ; qqn d'abordable, d'affable (d'impoli, de rude).

PARLER. Apprendre à qui parler ; apprendre la politesse, donner la leçon (à qqn). ❖ « Je lui ai parlé sur le même ton effronté avec lequel il m'a abordé ; je te dis qu'il a appris à qui parler. » ❖ *Fr.* Trouver à qui parler.

PARLETTE. Avoir de la parlette ; être volubile (se dit notamment d'un enfant).

PARLONS. Parlons-en ! Tu blagues ! Voyons donc ! ❖ *Fr.* Tu parles, Charles !

PARLOTAGE. Faire du parlotage ; parler pour ne rien dire.

PARLOTE. Avoir de la parlote ; être disert, volubile.

PAROLE. Avoir la parole en bouche ; être disert, éloquent. ❖ *Fr.* Avoir la parole facile.

Casser sa parole ; manquer à sa promesse.

Dompté à la parole. Se dit d'un cheval docile, obéissant à la seule parole.

PAROISSE. Prêcher pour sa paroisse ; défendre ses intérêts ou ceux de ses proches avant tout. ❖ *Fr.* Avoir l'esprit de clocher.

PAROISSIEN. Se réjouir le paroissien ; trinquer.

PARTANCE. Avoir (laisser) une (bonne) partance (à qqn) ; avoir (laisser) une (bonne) avance (à qqn) (notamment dans des jeux d'enfants).

PARTIE DE SUCRE. Aller à (faire, organiser) une partie de sucre ; aller (organiser une sortie) à la cabane à sucre.

PARTY. Briser le *party* [*angl.* fête] ; interrompre le plaisir, la joie, notamment par des propos intempestifs.

PAS. Aller au pas de la grise (de la blanche) ; avancer lentement, tranquillement. La grise, la blanche : noms familiers du cheval de ferme.

Faire des pas de souris ; avancer à petits pas.

Marcher à pas carrés ; marcher à grands pas.

PAS DE DANGER. Pas de danger a perdu sa goélette. Aux Îles de la Madeleine, se dit à celui qui témoigne d'un excès de témérité, d'une trop grande confiance en ses capacités.

PAS FIN. Faire son pas fin ; faire son malcommode (d'un enfant).

PAS-GRAND-CHOSE. Être un pas-grand-chose ; être méprisable.

PAS POSSIBLE. Qqn, qqch. (de) pas possible ; qqn, qqch. d'extraordinaire, d'extravagant.

PASSE. Être (traverser) une mauvaise passe ; connaître un mauvais moment, une période difficile.

Ça n'a pas de passe ! C'est révoltant ! C'est choquant ! ❖ « Ça n'a pas de passe, ce qu'il nous dit là est un vrai tissu de mensonge. »

PASSÉ. Bégopper sur son passé ; ressasser des souvenirs.

PASSÉ DÛ. Être passé dû ; être en retard, notamment dans ses paiements, avoir un compte en souffrance, etc. Calque de l'anglais *past due*. ❖ « J'étais passé dû. Il était sept heures et mon rendez-vous était à six heures. »

PASSER. (Se faire) passer par là ; passer en vitesse, se faire corriger. ❖ « Ça ne me fait rien, je suis habitué. Les cousins m'ont passé par là. » Robert Baillie, *Des filles de Beauté*. ❖ *Fr.* (Se faire) mettre au pas.

PATARAFE. Lancer une patarafe à qqn ; injurier, blesser qqn par ses propos.

PATATE. Avoir la patate fatiguée ; avoir le cœur faible, être usé, fourbu.

C'est une patate chaude ; c'est une question embarrassante, gênante, un irritant. Calque de l'anglais *it's a hot potato*.

Faire patate (pétaque, sur toute la ligne) ; échouer, manquer son coup. ❖ « Quand Paul a tenté sa chance une dernière fois avec Marie-Louise, il a fait pétaque sur toute la ligne. »

Gelé comme une patate dans un sabot ; transi, glacé.

Lâcher la patate ; abandonner, se désister. Aussi, **lâche pas la patate !** N'abandonne pas ! D'après les paroles d'une chanson cajun, populaire à une époque.

Parler avec une patate chaude dans la bouche ; marmonner, mâchonner ses mots.

Ratatiné comme une patate ; ridé, vieux.

Se renvoyer la patate chaude ; se renvoyer (de l'un à l'autre) une question embarrassante. ❖ *Fr*. Se renvoyer la balle.

PATATES. Être dans les patates ; se fourvoyer, se tromper. ❖ « Tu es complètement dans les patates : nous parlons de pommes, et toi tu parles d'oranges. »

Les petites patates seront pas grosses cette année. Pour dire qu'une question est oiseuse, qu'il y a redite.

Partir (tomber, planter) dans les patates ; s'évanouir, divaguer, perdre son bon sens.

PÂTE MOLLE. Être une (vraie) pâte molle ; être dénué de caractère, de volonté, être paresseux, lambin. ❖ « C'est une vraie pâte molle, depuis dix ans que sa femme le mène par le bout du nez. »

PATÈNE. Baiser la patène ; communier.

PATENTE À GOSSES. Être une (vraie) patente à gosses ; être qqch. de mal fait, d'inefficace.

PÂTÉS DE BROQUETTES. Manger des pâtés de broquettes ; connaître des difficultés, des épreuves. ❖ « Avant de conquérir Marie-Louise, j'ai dû manger pas mal de pâtés de broquettes. » Marcel Rioux, *Description de la culture de l'Île Verte.*

PATIENCE. Avoir la patience qui sonne le fond de canisse [*angl.* « canister », contenant] ; être à bout de patience, exaspéré.

Sacre-moi patience ! Laisse-moi en paix !

PATINOIRE À POUX. Avoir la tête comme une patinoire à poux ; être chauve.

PATINS. Accrocher ses patins ; arrêter de travailler, prendre sa retraite, démissionner. Emprunté au vocabulaire du hockey.

Être vite sur ses patins ; être alerte, réagir rapidement.

Perdre les pattes ; s'embrouiller, perdre son sang-froid. ❖ *Fr.* Perdre les pédales.

PATRON. Être un beau patron ; être une belle femme.

PATRONAGE. Être dans le patronage ; jouir des largesses, de la protection du parti politique au pouvoir.

PATTE. Avoir (toujours) la patte en l'air ; être (toujours) euphorique, joyeux, insouciant. ❖ « Boubou, c'était un personnage toujours joyeux. Boubou, il avait toujours la patte en l'air. » Jacques Boulanger à *Marguerite et Compagnie*, réseau Quatre-Saisons.

Graisser (se faire graisser) la patte ; soudoyer qqn (se laisser soudoyer) avec de l'argent, un pot-de-vin.

Jouer (se faire jouer) une patte (de cochon) ; jouer un mauvais tour, tromper qqn. ❖ *Fr.* Jouer un sale tour.

Mettre une patte au galop ; éconduire un amoureux.

Partir (rien que) sur une patte ; partir en trombe, à toute vitesse.

Se graisser la patte ; accepter les faveurs, les pots-de-vin. ❖ *Fr*. Manger au ratelier.

Se licher [lécher] **la patte ;** se consoler. Aussi, **va te licher la patte !** Déguerpis !

PATTE DU POÊLE. Être attaché à (après) la patte du poêle ; être retenu au foyer (par la famille). ❖ « Depuis que Gisèle a des enfants, elle est attachée à la patte du poêle ; on ne la voit plus. »

PATTES. Avoir de grandes pattes (sèches, d'alouette, de quêteux, de sauterelle) ; avoir les jambes élancées.

C'est pas lui (elle) qui a mis les pattes aux mouches parce qu'elles auraient boité ! Il (elle) est niais(e), abruti(e).

Être monté sur pattes ; avoir les jambes élancées.

Lever les pattes ; trépasser, partir.

Ne pas avoir mis (posé) les pattes aux mouches ; ne pas être très perspicace, avoir l'esprit peu éveillé. ❖ *Fr*. Ne pas avoir inventé la poudre.

Se grouiller les pattes ; se démener, se donner du mal.

Si c'était elle (lui) qui avait mis les pattes aux marin-gouins, il en aurait resté ! Se dit de qqn de niais, d'abruti.

PATTES DE MOUCHES. Faire des pattes de mouches ; écrire de manière illisible. ❖ « La prescription du médecin était illisible, de vraies pattes de mouches. »

PAWAW. **Partir sur un** *pawaw* **;** se mettre à fêter, s'amuser. En algonquin, PAWAW : secouer.

PAYE. Donner sa paye à qqn ; éconduire qqn (notamment un amoureux).

PEAU. Aller (s'en aller) à la peau ; se mettre en quête d'une aventure galante.

Avoir la peau courte ; être irrité, à court de moyens, de ressources.

Être en peine (ne plus savoir quoi faire) de sa peau ; être désœuvré, ne plus savoir que faire.

Gagner par la peau des dents ; gagner par une mince marge. ❖ « Monsieur Pauley a gagné, si vous me permettez l'expression, par la peau des dents. » *Le Télé-journal*, Radio-Canada.

PÉCHÉ. Botter qqn au ras le péché ; botter le derrière de qqn. ❖ « Si j'en prends un à planter une épinette sur ma terre, j'm'en vas le botter au ras l'péché. » Gérard Harvey, *Marins du Saint-Laurent*.

PÉCHÉ CAPITAL. Laid(e) comme un péché capital ; d'une grande laideur.

PÉCHÉS CAPITAUX. Laid comme les sept péchés capitaux ; repoussant.

PÉDALE. Mettre la pédale au plancher ; accélérer brusquement, aller à fond de train.

PÉDALES. Perdre les pédales ; dérailler, perdre la tête.

PEIGNE. Se battre (chicaner) avec le peigne ; peigner des cheveux rebelles.

PEIGNE-CUL. Être un peigne-cul ; être avare.

PEIGNE DE CORNE. Être (un) peigne de corne ; être grippe-sou, avare.

PELLE. Attraper (recevoir) la pelle. Se dit d'un amoureux qui se fait éconduire.

Avoir la pelle (puis le manche) ; être éconduit par une jeune fille.

Casser (donner, envoyer) la (sa) pelle ; éconduire un amoureux, notamment par écrit.

Lâcher la pelle ; démissionner d'un emploi.

Mettre qqn sur la pelle ; éconduire qqn (notamment un amoureux).

PELLETÉE. Avoir qqch. à (la) pelletée ; avoir qqch. en quantité.

PELLETEUX. Être un pelleteux de nuages ; être un rêveur, un idéaliste.

PELURES. Ne pas se moucher avec des pelures d'oignons ; ne pas se satisfaire de peu.

PENSÉE. Être comme la pensée ; agir avec célérité, vivement.

PENSEZ-Y BIEN. C'est un pensez-y bien ! C'est un dilemme, cela demande réflexion.

PEP. **Avoir du (être plein de)** *pep* [*angl.* entrain] ; avoir beaucoup d'allant, du dynamisme.

PÉPÈRE. En pépère ! Beaucoup, à profusion. Ainsi, manger, boire... en pépère.

PEPSI. Être un (faire le, son) pepsi ; être un (faire le) jeune fanfaron. ❖ « En tout cas, un poulet, ça pense plus qu'un pepsi. » Jean-Marc Parent, *Montréal ce soir*, Radio-Canada, février 1989.

PERCHE. Se rendre à la perche ; mener qqch. à terme avec difficulté.

PERCHES. Avoir de grandes perches ; avoir les jambes élancées.

PERDRE. Ne pas en avoir à perdre ; avoir l'esprit, l'intelligence fragile.

PERDU. Chanter (crier) comme un perdu ; chanter (crier) à tue-tête, chanter en faussant. ❖ « Après que les voleurs sont partis, il s'est mis à crier comme un perdu. »

PÈRE. Avoir du père dans le nez ; ressembler à son père.

PÈRE ET MÈRE. Dormir comme père et mère ; dormir d'un sommeil profond.

PERRON. C'est pas le perron de l'église ! C'est un lieu désert, peu recommandable. ❖ « Les Forges du Saint-Maurice, les enfants, c'est pas le perron de l'église. C'est plutôt le nique du diable avec tous ses petits... » Louis Fréchette, *Contes de Jos Violon*.

PERSONNEL. Prendre personnel ; se sentir vexé (de qqch.). ❖ « Arrête-donc de prendre personnel ; nous autres, on veut juste rire. » *À plein temps*, Radio-Québec.

PESANT. Avoir le pesant ; avoir sommeil, faire un cauchemar.

Avoir le pied pesant ; aimer conduire à haute vitesse en automobile.

PESTE. Pauvre comme la peste ; indigent, miséreux.

PET. Laid comme un pet ; d'une grande laideur.

Un pet ; peu de chose. ❖ Il en demande cinq dollars : un pet. ❖ *Fr.* Une paille.

Pas un pet de travers ! Aucun faux pas ! ❖ « On peut y aller mais, attention, pas un pet de travers ! »

PÉTAGE DE BRETELLES. Faire du pétage de bretelles ; se glorifier, s'enorgueillir à l'excès. ❖ « Fabien

Roy dit que M. Pierre Elliot-Trudeau ne cesse pas de faire du pétage de bretelles politique. » *Le Téléjournal*, Radio-Canada.

PÉTARD. Être un (beau, vrai) pétard ; être un beau brin de fille, être prétentieux.

PÉTÉ. Être (complètement) pété ; être (complètement) hallucinant, délirant, cinglé. ❖ « Les gâteaux de ta femme ? Mais ils sont complètement pétés ! »

Être pété au frette ; être écervelé, être pris de fou rire.

Péter au frette ; mourir subitement, crever de froid.

PETI-PETA. Avancer peti-peta ; avancer (marcher) lentement, d'un pas nonchalant.

PETIT. Aller au petit ; aller uriner.

Faire du p'tit ; tomber enceinte.

Se faire faire un p'tit dans le dos ; se faire jouer un mauvais tour, être trompé.

P'TIT BOIRE. Prendre (offrir) un p'tit boire ; prendre (offrir) une consommation.

P'TIT CHANGE. Prendre tout son p'tit change pour faire qqch. ; épuiser ses dernières ressources (physiques), intellectuelles) pour accomplir qqch. ❖ « Ça lui a pris tout son p'tit change pour atteindre le haut de la montagne. »

P'TIT CHIEN. Faire le p'tit chien ; agir servilement.

P'TIT COUP. S'envoyer un p'tit coup derrière la cravate ; trinquer. ❖ *Fr.* S'en jeter un derrière la cravate.

P'TIT FRÈRE. Dompter son p'tit frère ; se masturber.

P'TIT GARS. Être un p'tit gars à maman ; avoir un comportement enfantin, puéril (se dit notamment d'un enfant).

P'TIT GORGEON. Prendre un p'tit gorgeon ; trinquer, s'enivrer.

P'TIT JÉSUS. Le p'tit Jésus peut bien être pauvre. Propos humoristique. Se dit après une plaisanterie.

P'TIT MAUDIT. Faire son p'tit maudit ; faire le fanfaron, le détestable (se dit notamment d'un enfant ou d'un adolescent).

P'TIT MOULIN. Faire marcher son p'tit moulin ; se masturber.

P'TIT PÉCHÉ. Être laid (beau, riche, etc.) en p'tit péché ; être très laid (beau, riche, etc.).

P'TIT PLAT. Manger dans le p'tit plat ; pratiquer le cunnilinctus.

P'TIT TAS. Travailler p'tit tas gros tas ; remplir une tâche distraitement, à la va-comme-je-te-pousse. ❖ *Fr*. Travailler à la grosse morbleu.

P'TIT TRAIN. Faire qqch. p'tit train va loin ; faire qqch. lentement, en prenant tout son temps.

P'TITE BIÈRE. C'est pas de la p'tite bière ! Ce n'est pas négligeable, ce n'est pas rien.

P'TITE CROTTE. Faire p'tite crotte ; se sentir embarrassé, confus.

P'TITE CULOTTE. Arranger qqn (se faire arranger) en p'tite culotte ; tromper (se faire tromper), mystifier (être mystifié).

P'TITE FILLE. Être une p'tite fille à maman ; prendre des attitudes puériles.

P'TITE MESURE. Être de la p'tite mesure. Se dit d'une personne sans envergure.

P'TITE TÊTE. Être une p'tite tête ; être étourdi, écervelé.

P'TITE VITE. En passer (s'en faire passer) une p'tite vite ; berner, tromper (se faire tromper) en douce, mine de rien. ❖ « Laissez-moi vous dire que vous venez de vous en faire passer une p'tite vite. » *L'Éveil,* décembre 1986.

P'TITS. Paqueter ses p'tits ; faire ses bagages, partir.

P'TITS FRAIS. Ne pas y aller à p'tits frais ; ne pas compter les efforts, les frais. ❖ *Fr.* Ne pas y aller de main morte.

P'TITS OIGNONS. Traiter qqn aux p'tits oignons ; traiter qqn avec tous les égards.

P'TITS OISEAUX. Sentir les p'tits oiseaux ; sentir mauvais. ❖ *Fr.* Sentir le hareng saur.

PETITES OIES. Sentir les petites oies ; sentir mauvais.

PEUPLE. Écœurer le peuple ; ennuyer les gens. « Viens donc pas écœurer le peuple avec tes histoires à coucher dehors. »

PEUR. Avoir une peur bleue ; subir une grande frayeur.

Faire peur à voir ; être extraordinaire, effrayant. ❖ « Il y avait tellement de monde ; ça faisait peur à voir. »

Partir en (belle) peur ; prendre panique, s'emballer (se dit notamment d'un cheval), déguerpir. ❖ « Il ne faut pas partir en peur, tout n'est pas perdu. »

PEURS. Conter des peurs ; raconter des histoires apeurantes, faire des plaisanteries. ❖ « Tu me contes des peurs, je sais bien que ce sont des menteries, voyons donc ! »

Se faire des peurs ; s'affoler, s'effrayer pour rien.

PHARMACIEN. Écrire comme un pharmacien ; écrire de manière illisible.

PIASTRE. En manquer pour sa piastre ; manquer d'intelligence, avoir l'esprit dérangé.

Être près de la (ses) piastre(s) ; être avare, pingre.

Faire la piastre ; faire de l'argent. ❖ *Fr.* Faire le magot.

PIASTRES. Avoir les yeux grands comme des piastres ; avoir les yeux exorbités.

Un mot de deux piastres et quart ; un mot recherché, savant.

PIC. Avoir du pic ; avoir du dynamisme, de l'agressivité. Se dit aussi d'un outil tranchant.

Maigre comme un pic ; maigrichon.

Prendre du pic ; prendre de l'assurance.

PICHOU. Laid comme un pichou ; d'une grande laideur. Autrefois, PICHOU : chausson d'étoffe grossière.

Malin comme un pichou ; rusé, plein de ressources.

PICOSSEUX. Être (un) picosseux ; être achalant, importun.

PICOTTE. Virer une picotte ; se saouler.

PICPIC. Ça fait picpic ! C'est déplaisant, désagréable.

PIE. Parler comme une (avoir de la, être une vraie) pie ; être volubile, intarissable. ❖ *Fr.* Bavard comme une pie.

PIÈCES. Être proche (près) de ses pièces ; être pingre, avare.

PIED. Avoir toujours le pied sur le perron ; vouloir toujours sortir, s'en aller. ❖ « Le samedi soir, Pierre avait toujours le pied sur le perron, pas moyen de le retenir. »

Baiser le pied de qqn ; se faire botter le derrière.

Gros comme mon pied ; minuscule, de petite taille.

Il n'est (ne se promène) pas à pied ; avoir une belle automobile, être fortuné.

Taper du pied puis jouer du piano. Se dit d'une femme légère.

PIED D'ANCRE. Changer de pied d'ancre ; modifier son approche. ❖ *Fr.* Changer son fusil d'épaule.

PIED MARIN. Ne pas avoir le pied marin ; tituber en état d'ivresse, ne pas pouvoir porter l'alcool.

PIEDS. Avoir les deux pieds dans la même bottine ; avoir l'esprit engourdi, être niais, maladroit. ❖ « Même pas capable de réparer ce petit mécanisme ? Vraiment, ce garagiste a les deux pieds dans la même bottine. » ❖ *Fr.* Avoir les deux pieds dans le même soulier, dans le même sabot.

Avoir les pieds mouillés (trempés) ; être saoul.

Avoir les pieds plus pesants (légers) que la tête ; être saoul.

Avoir les pieds ronds ; être ivre.

Bête comme ses pieds ; impoli, manquer de savoir-vivre, être borné. S'emploie en France.

On se lave les pieds comme les oreilles ! On écoute quand qqn parle !

Penser (raisonner) avec ses pieds ; mal raisonner, agir de manière irréfléchie.

Se mettre les pieds dans les plats ; se fourvoyer, parler, agir à contretemps.

Se mouiller les pieds ; s'enivrer.

Sentir les petits pieds ; sentir mauvais (se dit notamment à propos d'un enfant qui ne s'est pas lavé).

PIEDS DE BAS. Être (marcher) en pieds de bas ; marcher en chaussettes, ne pas être présentable. ❖ *Fr*. Marcher à pieds de bas.

PIERRE. Déshabiller Pierre pour habiller Jacques ; dépouiller l'un pour secourir l'autre. ❖ *Fr*. Déshabiller saint Pierre pour habiller saint Paul.

PIERRE, JEAN, JACQUES. Aller (sortir) avec Pierre, Jean, Jacques ; avoir de mauvaises fréquentations, fréquenter n'importe qui.

PIERRES. Un froid à fendre les pierres ; un froid intense.

Malheureux comme les pierres ; affligé, triste.
❖ « Après avoir perdu sa femme, le pauvre homme était malheureux comme les pierres. »

Vieux comme les pierres ; très vieux.

PIEUX. Fumer des pieux ; éprouver de la difficulté à allumer sa pipe.

PIGEON. Jaloux comme un pigeon ; très jaloux.

PIGOUILLE. Être une pigouille (picouille) ; être un laideron. Se dit aussi d'une rosse.

PILOTIS. Se coucher sur le pilotis ; se coucher tout habillé.

PINE. Aller (marcher, passer) à la (à pleine) pine [*angl.* « pin », goupille] **;** aller (marcher, passer) à fond de train.

Donner (recevoir) une pine ; donner (recevoir) une réprimande.

Être à la pine ; être à bout de forces.

Faire pisser pine ; uriner.

PINIÈRE. Faire la pinière ; faire le commerce du bois, exploiter la forêt.

PINOTTE. C'est une pinotte [*angl.* « peanut », arachide] **!** C'est rien du tout ! C'est facile. Calque de l'anglais *it's peanuts !* ❖ « Ça a été une pinotte de monter chez mon oncle en Gaspésie. »

Être sur une (belle) pinotte [*angl.* « peanut », arachide] ; être très affairé, exalté. ❖ « J'suis tellement souvent sur une pinotte, j'suis pas capable d'arrêter. » *À plein temps*, Radio-Québec.

Mon cœur palpite comme une pinotte sur la brique ! Se dit entre jeunes pour se moquer d'un sentimentalisme exagéré.

Partir (s'en aller, arriver) rien que sur une pinotte (pinouche) ; déguerpir, partir (partir, arriver) en trombe, à toute vitesse.

Y aller (descendre, passer) (juste, rien que) sur une pinotte ; y aller (descendre, passer) à fond de train, en un rien de temps. ❖ « Pierre Labrecque est descendu de Trois-Rivières juste sur une pinotte hier. » *La Presse*.

PINOTTES. Coûter des pinottes ; coûter cher. ❖ « Ça a dû vous coûter des pinottes ? » *Salut Victor*, Radio-Québec.

PINTADE. Faire sa pintade ; se pavaner, prendre des airs.

PIOCHON. Être (faire le) piochon ; faire l'entêté, le niais.

PIPE. Attendre une pipe ; attendre longtemps. Autrefois, la pipée servait souvent d'unité de mesure du temps, d'où l'expression.

Casser sa (se casser la) pipe (au ras le trente sous) ; échouer, faire une chute, mourir.

Être chaud de la pipe. Se dit d'un homme sensuel, porté sur la bagatelle.

Marcher comme une pipe neuve ; fonctionner à la perfection.

Mets ça dans ta pipe et (puis) fume ça ! Avale ça ! Prends-en ton parti et tâche d'y réfléchir ! ❖ *Fr.* Mets ça dans ta poche et ton mouchoir par-dessus.

Perdre (casser) sa pipe (mais) jamais (perdre) sa blague ; pouvoir échouer partiellement mais ne jamais abdiquer. ❖ *Fr.* Perdre une bataille mais jamais la guerre.

Tirer la pipe à qqn ; taquiner qqn, raconter des mensonges à qqn.

PIPES. Conter des pipes ; tromper, raconter des mensonges. ❖ *Fr.* Raconter des bobards.

PIPI. Faire cailler son pipi ; se masturber.

PIQUE. Avoir une pique ; avoir une altercation.

PIQUE. Maigre (gros) comme un pique ; maigrichon.

PIQUÉ DES VERS. C'est pas piqué des vers ! C'est épatant, extraordinaire. Allusion à la pomme attaquée par les vers, autrement dit, piquée des vers.

PIQUER. Piquer au plus court ; prendre le plus court chemin, abréger son propos.

PIQUET. Droit comme un piquet ; rectiligne, dressé.

Maigre comme un piquet ; très maigre.

Rester sur le piquet ; rester vieux garçon, vieille fille.

PIQUETS. Avoir de grands (des, les jambes comme des, deux) piquets ; avoir les jambes élancées. ❖ *Fr.* Avoir des jambes de coq.

Cogner des piquets ; hocher la tête sans arrêt par manque de sommeil.

PIRE. C'est pire que pire ! C'est le comble ! C'est pire que tout ! ❖ *Fr.* De pire en pire.

Être à (faire de) son pire ; se présenter sous son plus mauvais jour.

PIROCHE. Crier comme une piroche ; crier à tue-tête. Piroche : femelle de l'oie.

PIS. Faire son pis. Se décider, arrêter une décision. Se dit aussi d'une vache qui met bas.

PISSAT. Pauvre comme du pissat (écrémé) ; très pauvre, sans le sou.

PISSE. Avoir les jambes à la pisse ; avoir les jambes arquées.

PISSER. Commencer à s'écouter pisser (sur les écopeaux [copeaux]). D'un adolescent qui commence à prendre conscience de sa virilité. ❖ *Fr.* S'écouter pisser (d'une jeune fille).

Pisser fin ; se sentir intimidé, gêné.

PISSE-VINAIGRE. Être (un) pisse-vinaigre ; être détestable, malcommode.

PISSOU. Être pissou ; être couard, poltron.

PISTACHE. Avoir la face en pistache ; avoir l'air renfrogné.

PISTE. Piquer une piste ; partir chasser ou trapper.

PISTE À PATAUD. Prendre la piste à pataud ; déguerpir.

PISTES. Faire des pistes (de chien, de hibou) ; déguerpir, filer. ❖ « Quand j'ai vu l'ours qui fonçait sur moi, j'ai fait des pistes, je te le garantis. »

Faire des pistes de fesses ; prendre la fuite.

PISTOLET. Avoir les yeux comme un pistolet ; avoir un regard colérique, rempli de reproche. ❖ *Fr.* Faire les gros yeux à qqn.

PITON. Être piton ; être idiot, imbécile.

Se remettre (remettre qqn) sur le piton ; se remettre (remettre qqn) sur pied.

Sur le piton ; sur pied, en pleine forme. ❖ « Après une bonne nuit de sommeil, nous étions tous de nouveau sur le piton. »

Vite sur le piton ; alerte, vif, rapide à réagir, lève-tôt.

PITOUCHE. Faire qqch. en une pitouche ; faire qqch. en un rien de temps.

PLACE. Virer à la même place ; perdre son temps. ❖ *Fr.* Tourner en rond.

PLACER. Se faire (re)placer (par qqn) ; se faire remettre à sa place, se faire corriger (par qqn).

PLAFOND. Sauter au plafond ; tressaillir, jubiler (de joie, de surprise, etc.). ❖ « Quand elle a appris qu'elle venait de gagner le million à la loterie, elle a sauté au plafond. »

PLANCHE. Faire la planche ; s'évanouir. En France, rester passif au passage d'un cap difficile.

Maigre comme une planche sur le cou ; maigrichon.

Manquer une planche ; être toqué.

Prendre la planche du bord ; prendre la meilleure place.

Rouler à la planche ; filer à toute vitesse. ❖ *Fr.* Filer à pleins tubes.

PLANCHE À LAVER. Avoir les côtes (plates) comme une planche à laver ; être très maigre. ❖ *Fr.* Plat comme une galette.

Avoir l'estomac comme une planche à laver ; avoir de petits seins.

Bombé comme une planche à laver ; très arqué.

Plissé comme une planche à laver ; ridé.

PLANCHER. Balayer le plancher ; être de petite taille.

Prendre le plancher ; accaparer l'attention, la parole.

PLANCHES. Être (se trouver) sur les planches. D'un mort exposé sur les tréteaux. ❖ « On ne mettait le mort dans son cercueil qu'au deuxième glas précédant les funérailles. Jusque-là, il était sur "les planches", posées sur des tréteaux, recouvertes de draps blancs. » Madeleine Ferron, Robert Cliche, *Quand le peuple fait la loi.*

PLAN DE NÈGRES. Penser à (avoir, inventer) un (des) plan(s) de nègre(s) ; imaginer des chimères.

PLANTÉ. Être (bien) planté ; avoir une carrure imposante. ❖ « À quatorze ans, avec les stéroïdes, ils sont plantés comme des gars de dix-huit ans. » *Le Téléjournal*, Radio-Canada.

PLANTER. Se faire planter ; se faire battre, supplanter, notamment dans un match de hochey, de baseball, etc. Se faire berner, tromper.

PLÂTRIER. Être à sec comme un plâtrier ; être démuni, pauvre.

PLATS. Faire les petits plats avant les grands ; se donner du mal pour bien recevoir des invités. ❖ « Quand monsieur le curé est venu nous rendre visite, nous avons fait les petis plats avant les grands. » ❖ *Fr.* Mettre les petits plats dans les grands.

PLEIN DE SOUPE. Être (un gros) plein de soupe ; être suffisant, bon à rien, dégonflé.

PLEIN TEMPS. Neiger à plein temps ; neiger abondamment, à gros flocons.

PLEINE CLÔTURE. (Qqch.) à pleine clôture ; (qqch.) en quantité.

PLEINE PERCHE. Chargé à pleine perche ; chargé à pleine capacité.

PLEINE TÊTE. Parler à pleine tête ; parler, crier fort, à tue-tête.

PLI. Ça ne (me) fait pas un pli (ni une bosse, sur la différence, sur la fesse gauche, sur la poche) ! Ça m'est (c'est) parfaitement égal ! Ça m'est indifférent. ❖ *Fr.* Ne pas faire un pli.

PLISSÉ. Plissé à l'aiguille ; ridé.

PLOMB. Avoir du plomb dans la tête ; avoir un esprit réfléchi, être éclairé. S'emploie aussi en France.

Lourd comme du plomb ; très lourd.

Ne pas avoir de plomb dans la tête ; agir de manière déraisonnable, être stupide.

PLONGE. Prendre une plonge ; trébucher, échouer.

PLUIE. Ennuyant comme la pluie ; très ennuyant. ❖ « Le discours du député était ennuyant comme la pluie, au point où, à la fin, il ne restait presque plus personne dans la salle. » ❖ *Fr.* Ennuyeux comme la pluie.

Ne pas être né de la dernière pluie ; avoir l'expérience de la vie. ❖ *Fr.* Ne pas être tombé de la dernière pluie.

PLUMAS. Se faire aller les plumas ; gesticuler en parlant.

PLUME. Aller à plume ; faire la tournée.

Léger comme une plume ; très léger.

POCHE. Avoir la poche à terre ; être exténué, épuisé.

Être rendu à la poche ; être rendu à la dernière extrémité, être ruiné.

Être une grosse poche ; être idiot, bon à rien. Injure.

Prendre sa poche ; déguerpir.

Se prendre (poigner) la poche [fam.]**.** Se dit d'un homme qui se caresse les parties génitales.

POCHER. Se faire pocher ; se faire tromper, berner.

POCHETÉE. Avoir (prendre) qqch. à la pochetée ; avoir (prendre) qqch. en quantité. ❖ *Fr.* Avoir qqch. à la pelle.

POÊLE. Faire lever le poêle ; avoir une conduite répréhensible, scandaleuse.

Noir comme le poêle ; très noir, crasseux. ❖ « L'enfant de Marie Bachand était noir comme le poêle lorsqu'il est sorti de la cheminée. »

POFFE. Faire du poffe [*angl.* « puff », gonfler] ; se vanter.

POGNÉ. Être pogné [poigné] ; être complexé, timide.

Se faire pogner [poigner] ; se faire prendre, surprendre.

POIGNÉE. J'ai-t'y une poignée dans le dos ? Se dit à celui qui raconte des balivernes, des mensonges de façon éhontée. Allusion à la valise (voir ce mot).

POIGNET. Faire l'amour au poignet ; se masturber.

Se passer un poignet ; se masturber.

POIL. Avoir du poil dans les oreilles ; avoir l'expérience de la vie.

Avoir le poil. Se dit à propos des seins qui se gonflent chez la femme enceinte.

Avoir le poil à pic ; être maussade. ❖ *Fr.* Être de mauvais poil.

Faire de l'argent comme du poil ; faire beaucoup d'argent.

Flatter qqn dans le sens du poil ; amadouer qqn.

Mettre du poil ; accélérer, accroître la puissance.

Passer à un poil de faire qqch. ; passer près de faire qqch.

Se vendre comme un poil ; se vendre facilement.

POIL AUX PATTES. Avoir du poil aux pattes ; avoir de la hardiesse, de l'intrépidité. À ce propos, une pièce de théâtre de Maryse Pelletier, *Du poil aux pattes comme les cwacs.*

POIL DES JAMBES. Excite-toi pas (énerve-toi pas) le poil des jambes ! Pas de panique ! Il ne faut pas s'énerver ! ❖ « Excite-toi pas le poil des jambes ! L'avion ne s'envole qu'à dix-huit heures. »

POING. Gros comme le (mon) poing ; petit, de petite taille.

POINGS. Se prendre aux poings ; se quereller.

POINTES. Pousser des pointes ; taquiner, asticoter.

POINTU. Parler pointu ; s'exprimer avec affectation.

POIREAU. Planter le poireau ; trébucher, faire une chute.

Vert comme (un) poireau ; être épouvanté, terrorisé. Se dit également d'une personne au teint maladif, blafard. ❖ *Fr.* Être blanc, vert de peur.

POIS. Rond comme un pois ; ivre mort.

POISSON. Changer son poisson d'eau ; uriner.

Être poisson ; être candide, bonasse.

Heureux comme un poisson dans l'eau ; comblé.

Nager comme un poisson ; nager avec aisance.

Noyer le poisson ; faire oublier qqch. par diversion.

POISSONS. Faire rire les poissons ; raconter des chimères, des mensonges. ❖ « Fais pas rire les poissons ; ton histoire de monstre, on n'y croit pas une seconde. »

PÔLE. Garder le pôle ; accaparer la parole. ❖ « À chaque fois qu'il parle avec d'autres, il s'efforce de garder le pôle. »

POLITESSE. Casser la politesse à qqn ; fausser compagnie à qqn. ❖ *Fr.* Brûler la politesse.

Être une tante par politesse ; être tante de nom seulement.

POLITIQUES. Avoir (faire, se lancer dans) des politiques de bouts de chemins ; faire de la politique à la petite semaine. Autrefois, il était souvent d'usage dans les campagnes d'acheter des votes en construisant des

tronçons de routes là où la population votait pour le
« bon parti ».

POLOQUES. Fumer des poloques ; fumer des cigarettes roulées à la main. POLOQUES : polonaises.

POMME. Chanter (se faire chanter) la pomme ; flatter (se faire flatter), faire la cour (se faire courtiser).

Rond comme une pomme ; gras, corpulent, ivre mort.
L'expression se rencontre en France parfois avec un sens
différent.

POMMES. Haut comme deux pommes ; de petite taille.
❖ *Fr*. Grand, haut comme trois pommes.

Tomber dans les pommes ; perdre conscience.

POMPE À EAU. Ça gèle la pompe à eau ! C'est un
froid vif ! ❖ « Des matins comme ça en janvier, ça gèle
la pompe à eau. »

POMPETTE. Être (filer, se sentir) pompette ; être (se
sentir) éméché.

POMPIER. Se coucher en pompier ; se coucher tout
habillé.

**Va pas dire (raconter) ça aux pompiers (ils vont t'ar-
roser) !** C'est invraisemblable, farfelu !

PONCE. Prendre une ponce ; boire un grog, trinquer,
s'enivrer.

PONT. Solide comme un pont ; d'une solidité éprouvée.

POQUÉ. Être (avoir l'air) poqué ; être (avoir l'air) amoché, fourbu.

POQUER. Se faire poquer ; se faire donner une raclée.

PORC-ÉPIC. Avoir une tête comme un (de) porc-épic ; avoir les cheveux en broussaille.

PORC FRAIS. Prendre qqn pour un porc frais ; prendre qqn pour un menteur. ❖ « Tu ne me crois pas ? Tu me prends pour un porc frais, peut-être ? » *Six heures au plus tard*, Radio-Canada.

PORTAGE. Prendre le portage ; emprunter un chemin.

PORTE. Bougrer qqn à la porte ; ficher qqn dehors.

Envoyer qqn derrière la porte ; envoyer promener qqn.

J'ai pas de porte de derrière ! Je parle sans détour ! Je ne suis pas hypocrite, moi ! Pour dire qu'on n'utilise pas de faux-fuyants.

Large comme la porte ; très gros, large. Se dit d'une personne obèse, corpulente. ❖ « Grand-père était large comme la porte, à tel point qu'il avait de la difficulté à se lever de sa chaise berceuse. »

PORTE-CROTTE. (Aller) se casser le porte-crotte ; trébucher, s'étaler par terre.

PORTÉE DE FUSIL. Être (se trouver) à une portée de fusil ; être peu éloigné. Équivaut à un kilomètre environ. ❖ *Fr.* À portée de fusil.

PORTE-PANIER. Être (un) porte-panier ; être un dénonciateur (se dit particulièrement d'un enfant).

PORTES. Avoir les oreilles en portes de grange ; avoir de grandes oreilles décollées.

PORTEUR DE PAQUETS. Être (un) porteur de paquets ; être commère, rapporteur.

PORTION. Donner sa portion à qqn ; éconduire qqn (notamment un amoureux).

PORTRAIT. Arranger, faire, défoncer, démolir, organiser (se faire arranger, faire, etc.) le portrait à qqn ; donner une raclée à qqn (se faire donner une raclée). ❖ « Moé, à ta place, je lui aurais fait le portrait, le calvaire. » *Six heures au plus tard*, Radio-Canada.

Connaître (avoir, prendre, reconnaître) le portrait de qqn ; prendre la véritable mesure de qqn, avoir qqn à l'œil. ❖ « Inquiète-toi pas, j'ai ton portrait ; avant que tu me passes un autre Québec, les poules vont avoir des dents. » ❖ *Fr.* Avoir qqn dans le collimateur.

Entrer dans le portrait ; quitter accidentellement la route. ❖ *Fr.* Entrer dans le décor.

POT À TABAC. Être un pot à tabac. Se dit d'une personne de petite taille.

POTEAU. Droit comme un poteau ; rectiligne, dressé.
❖ « Ce soldat au garde-à-vous se tient droit comme un poteau. »

Long comme un (des) poteau(x) de télégraphe ; très long, grand. ❖ « Ils avaient des noms longs comme des poteaux de télégraphe. » *Chanteclerc*, Oka, juin 1984.

Ne pas être un poteau de balustre. Se dit d'un homme laid.

POTEAUX. Monter les poteaux à reculons ; être niais, benêt.

N'avoir que les poteaux et la musique ; être d'une grande maigreur. ❖ *Fr.* N'avoir que la peau et les os.

POTTE. Faire un potte ; réaliser une somme d'argent, constituer une caisse commune (au jeu, etc.).

Sourd comme un potte [pot] **;** totalement sourd.
❖ *Fr.* Sourd comme un pot.

POU. Être comme un pou sur une grange ; vouloir accomplir qqch. qui excède ses capacités.

Excité comme un pou ; agité, énervé. ❖ « Je m'en vais voir un spectacle, je suis excitée comme un pou. » Suzanne Lévesque, *Touche à tout*, CKAC, mai 1987.

Faible (fort) comme un pou ; faiblard.

Laid comme un pou ; très laid.

Slow [*angl.* lent] **comme un pou dans la mélasse ;** très lent, lambin.

POUCE. Baisser le pouce ; abaisser le prix (d'un produit, d'un article, etc.)

Engager qqn sur le pouce ; embaucher qqn à la hâte.

Faire du (voyager sur le) pouce ; faire de l'auto-stop (voyager en auto-stop).

Faire monter (prendre) qqn sur le pouce ; faire monter un auto-stoppeur.

POUCHIGNE. Avoir du pouchigne [*angl.* « pushing », relations] **;** gravir l'échelle sociale grâce à l'aide d'amis bien placés, jouir de passe-droits.

Donner du pouchigne à qqn ; recommander indûment qqn, contribuer par des passe-droits à l'avancement de qqn.

POUDRE. Avoir plus de poudre que de plomb ; avoir plus d'éclat que de ressource. En France, n'avoir ni poudre ni plomb, n'avoir ni pouvoir ni moyens.

Prime (prompt) comme (de) la poudre (à fusil) ; colérique, hargneux. ❖ « Ne l'achale pas trop ce soir, on dit qu'il est prime comme la poudre. »

POUDRÉE. Être une (faire sa) poudrée. Se dit d'une femme guindée. Aussi, **faire sa femme du monde ;** être prostituée, travesti.

POUDRER. Poudrer à voir ni ciel ni terre. Se dit d'une forte poudrerie.

POUDRERIE. Passer en poudrerie ; passer en trombe, à toute vitesse. ❖ *Fr.* Passer comme la foudre.

POUILLE. Chanter (se faire chanter) pouille ; enjôler (se faire enjôler), se (faire) disputer, importuner (être importuné). Pouil [étym.] : pou. En France, chanter pouille : injurier. ❖ « Et pour ne pas laisser s'éteindre leur belliqueuse ardeur, les deux adversaires se chantèrent pouille à qui mieux mieux. » Rodolphe Girard, *Marie Calumet.*

POULAIN. Avoir la tête comme un poulain ; avoir les cheveux en broussaille.

Être (encore) comme un jeune poulain ; être (encore) plein de vigueur, d'une grande ardeur amoureuse (malgré l'âge).

POULE. Bleu comme la poule à Simon. Se dit d'un partisan farouche du Parti progressiste conservateur. Par opposition aux Rouges, partisans du Parti libéral.

POULE. Donner une poule ; décupler d'efforts.

Être comme une poule couveuse. Se dit d'une mère qui surprotège ses enfants. Aussi : être frileux.

Vendre la poule noire ; vendre son âme au diable, se damner. Allusion à la légende de la poule noire d'après laquelle il suffit, pour acquérir la richesse, de vendre son âme au diable en remettant au Malin une poule noire.

POULES. Gauler les poules à Tancrède ; abattre une tâche en un rien de temps. En français ancien, GAULER : voler.

POULET. Faible comme un poulet ; très faible, anémique. « À l'hôpital, ma tante Alphonsine était faible comme un poulet, à tel point que nous devions la nourrir à la cuiller. »

Partir comme un poulet ; mourir tout doucement, sans tourment.

POULIE. Se faire huiler la poulie ; se faire baiser (d'une femme). ❖ *Fr.* Se faire tringler.

POUMONS HEUREUX. Dormir à poumons heureux ; dormir profondément, en ronflant. ❖ « Pendant qu'elle dormait à poumons heureux, un cambrioleur est entré dans la maison. »

POURRI. Être pourri de (qqch.) ; être plein, accablé (de dettes, etc.).

POURRITE. En raconter (en entendre) une pourrite [pourrie] ; raconter (entendre) une histoire invraisemblable.

POUSSE. Pousse mais pousse égal ! Tu exagères ! C'est invraisemblable !

(SE) POUSSER. Se pousser pour une fille ; s'enticher d'une jeune fille. ❖ « Quand un jeune homme se poussait pour une fille et qu'il n'osait pas lui dire... » Jean-Claude de l'Orme et Ovila Leblanc, *Histoire populaire des Îles de la Madeleine.*

POUSSIÈRE. Brasser de la poussière (pour rien) ; bouleverser, perturber inutilement.

Ne pas faire grand poussière ; passer (quasi) inaperçu. ❖ *Fr.* Ne pas faire grand bruit.

Ressasser la poussière ; revenir sur un sujet désagréable. ❖ « Écoute, Lola, ressasse pas la poussière, je reviendrai pas sur les événements passés. » *Un amour de quartier.*

POUTRE. Haut comme la poutre ; de petite taille.

POUX. Chercher des poux à qqn ; chercher querelle à qqn. ❖ *Fr.* Chercher des pouilles ; chercher noise à qqn.

Se chercher des poux ; chercher des motifs, des raisons (à ses gestes), se chercher querelle.

PREMIÈRE CLASSE. Qqn (qqch.) de première classe ; qqn (qqch.) d'excellent, d'extraordinaire. Calque de l'anglais *first class.*

PREMIER VENU. Ne pas être le premier venu ; avoir de l'expérience, du savoir-faire.

(SE) PRENDRE. Se prendre pour un autre ; prendre des airs, snober.

PRÊTÉ. C'est un prêté pour un rendu ; c'est égal, équivalent. En France, *un prêté pour un rendu* : une représaille proportionnée, juste.

PRIÈRE. Connaître qqn (qqch.) comme une prière ; connaître parfaitement qqn (qqch.).

PRIÈRES. Marcher avec des prières ; fonctionner on ne sait trop comment, par miracle. ❖ « Cette voiture fonctionne avec des prières ; elle roule, oui, mais pour combien de temps ? »

PRIME. Être prime ; être prompt (à agir, se fâcher, etc.).

PRINCE. Fier comme un prince ; altier, suffisant. En France : *...comme un prince ;* dérivé de princier.

PRINTEMPS. Ne pas être né de ce printemps ; avoir l'expérience de la vie.

PRIS. Être bien pris ; avoir une carrure imposante.

PROMESSE. Être de promesse ; être fiable, tenir sa parole.

PUCE. Avoir peur d'une puce qui montre les cornes ; s'effrayer pour un rien.

Noir comme une puce ; très noir.

PUCES. Secouer les puces à qqn ; secouer, chicaner qqn, le secouer de sa torpeur.

PUITS. Tirer un puits ; creuser un puits.

PULL. Avoir de la *pull* [*angl.* tirer] ; avoir une grande force (pour tirer).

PUNCH. Vendre le *punch* [*angl.* coup] ; dévoiler qqch. (une plaisanterie) à contretemps, avant le moment propice. ❖ *Fr.* Vendre la mèche.

PUNCHING-BAG. Faire le *punching-bag* ; se faire tabasser.

PUR. ...à pur et à plein ; entièrement, sur tous les plans. Notamment, céder à pur et à plein.

PURE LAINE. Être un Québécois (Anglais, etc.) **pure laine** ; être un Québécois (Anglais, etc.) authentique, de souche. Se dit en France.

PUTCH. Jouer à la *putch* ; jouer au hochey dans la rue.

QUARANTE. Ne pas être barré à quarante ; n'éprouver aucune gêne, n'avoir aucune inhibition.

QUARANTE. Se mettre sur son quarante (quarante et un, quarante-cinq, quarante-six) ; enfiler ses plus beaux vêtements ❖ *Fr.* Tiré à quatre épingles.

QUART. Rond comme un quart ; très rond, arrondi. QUART : étrave, quille d'un navire. ❖ « Il n'a plus de plat de varangue... il a le genou rond comme un quart. » Pierre Perrault, *Les Voitures d'eau.*

QUARTIERS. Ne pas se moucher avec des quartiers de terrine ; être fortuné, ne pas lésiner.

QUATRE. Se fendre en quatre ; se dépenser sans compter. ❖ « Ta mère s'est fendue en quatre pour toi et tu ne veux même pas lui rendre ce petit service ? » ❖ *Fr.* Se mettre en quatre.

Manger comme quatre ; s'empiffrer. ❖ *Fr.* Manger comme un ogre.

QUATRE FERS. Ne pas valoir les quatre fers d'un chien ; avoir peu de valeur. ❖ « Je vous dirai que toute sa gueuse de carcasse, son âme avec, valait pas, sus vot'respèque, les quat' fers d'un chien. » Louis Fréchette, *Contes de Jos Violon*.

QUATRE PATTES. Se mettre à quatre pattes devant qqn ; s'avilir, s'humilier devant qqn.

QUATRE-SEPT. Se mettre sur son quatre-sept ; enfiler ses plus beaux vêtements.

QUÉBEC. Passer (se faire passer) un Québec ; tromper (se laisser tromper), jouer (se faire jouer) un (sale) tour.

QUENOUILLES. Avoir de grandes quenouilles ; avoir les jambes élancées.

QUÊTEUX. Avoir plus de chance qu'un quêteux ; jouir d'une chance inouïe. Le quêteux apporte la chance mais pour que celle-ci nous favorise, il faut lui offrir le gîte et le couvert.

Chanceux comme un quêteux qui perd sa poche puis qui en trouve deux ; avoir une chance inouïe.

Habillé comme un quêteux ; mal habillé, porter des vêtements élimés.

Il n'y a pas de quêteux de riche ; les gens fortunés n'ont guère de soucis.

QUÉTAINE. Être (faire) quétaine ; être (faire) vieux jeu, de mauvais goût (d'une chose), être niais.

QUETOUCHE. Prendre sa quetouche ; prendre le sein (d'un nourrisson).

QUEUE. Ça se trouve pas en dessous de la queue d'une chatte ! C'est rare, peu commun !

Chatouiller la queue du diable avec l'argent de la messe ; être prêt à toutes les bassesses, accepter toutes les compromissions.

Lâcher (tenir) la queue du chat (de la chatte) ; devenir pour la première fois parrain ou marraine.

Partir la queue sur le *dash* [*angl.* tableau de bord] ; partir en trombe, à toute vitesse.

S'en aller la queue sur les fesses ; déguerpir, filer en vitesse.

Se sauver (aller) la queue sur le dos ; se défiler, déguerpir. ❖ *Fr.* S'enfuir à toutes jambes.

Traîner la queue ; être parmi les derniers de classe.

QUEUE DE CHEMISE. Être en queue de chemise ; avoir le pan de la chemise hors du pantalon, être en petite tenue, ne pas être présentable.

QUEUE DE CHIEN. Être comme une queue de chien ; être turbulent, inconstant (en amour).

QUEUE DE MORUE. Finir en queue de morue ; finir à rien, s'achever lentement. ❖ *Fr.* Finir en queue de poisson.

QUEUE DE VACHE. Avoir les cheveux en queue de vache ; avoir les cheveux en broussaille. ❖ *Fr*. Avoir les cheveux queue de vache (Zola).

QUEUE DE VEAU. Courir comme une queue de veau ; courir à droite et à gauche sans but précis.

Être une (vraie) queue de veau ; être agité, hyperactif (se dit notamment d'un enfant). ❖ « Le petit Jacques n'arrête pas un instant, une vraie queue de veau. »

Faire la queue de veau ; être placé au dernier rang, en arrière.

Suivre qqn comme une (vraie) queue de veau ; suivre qqn à la trace ; être sur les talons de qqn.

QUILLE. Prendre la quille de l'air ; abandonner qqn, déguerpir. ❖ *Fr*. Prendre la poudre d'escampette.

QUINE. Prendre une quine ; trinquer, s'enivrer.

QUOTA. Avoir son quota ; en avoir assez, être à bout. ❖ *Fr*. Avoir son compte.

RABOTTE. Être en rabotte (rabette). Se dit d'un animal en chaleur, en rut.

RABOUDINAGE. Faire du raboudinage ; faire du mauvais raccommodage, du mauvais rapiéçage, tenter de joindre des pièces qui ne vont pas ensemble, parler de manière incompréhensible.

RAC. Être (rester) en rac ; être (tomber) en panne.

RADIS. Travailler pour des radis ; travailler pour peu.

RAIDE. En avoir son raide ; en avoir assez, être exténué. ❖ « J'en avais mon raide de conduire, c'est pourquoi j'ai confié le volant à Jacques. » ❖ *Fr.* En avoir sa claque.

Prendre tout son raide pour faire qqch. ; nécessiter toutes ses ressources pour faire qqch.

RAISIN. Être un beau (faire le) raisin ; être (faire le) niais.

RAMAGES. Faire des ramages ; gesticuler (en parlant).

RAME. Bien tenir sa rame ; défendre son point de vue, tenir à ses opinions.

RARE. Être rare de place ; y avoir peu de place. ❖ « Il y avait tellement de bois dans la cour que c'était rare de place. »

(Qch.) rare ; (qqch.) à l'extrême. Ainsi, peureux, malade, etc. rare. ❖ « Je dis qu'il est malade rare, que ça ne se peut pas, un recherchiste comme lui. » Robert Baillie, *Des filles de Beauté.*

RASE-BOL. Se faire donner un rase-bol ; se faire couper les cheveux ras, en brosse.

RASER. Se faire raser ; tout perdre au jeu.

RAT. Geler comme un rat ; geler énormément.

Pauvre comme un rat d'église ; d'une grande pauvreté.

Pauvre comme un rat de grange (écrémé) ; d'une grande pauvreté.

RATE. En avoir (gros) sur la rate ; avoir un grand ressentiment.

Tomber sur la rate ; dégoûter, horripiler.

RATOUREUX. Être ratoureux ; être espiègle, rusé. ❖ « Mon Aurélie, tu es pas mal ratoureuse pour avoir amené ton mari à t'acheter ce manteau de vison. »

RAVAGES. Piocher dans les ravages de qqn ; chercher à séduire le (la) partenaire d'autrui, s'interposer dans les affaires de qqn.

RAVAUD. Être en ravaud. Se dit d'un animal en rut.

Faire du (mener le) ravaud ; faire du tapage, du désordre, se démener. Dans la langue maritime, RAVAUDAGE : réparation d'un filet de pêche.

REBOURS. Avoir le poil de rebours ; être maussade. ❖ *Fr.* Être de mauvais poil.

REBROUSSE-POIL. Être à rebrousse-poil ; être d'humeur maussade.

REGAGNER. En regagner ; prendre du mieux, s'améliorer.

REGARDANT. Ne pas être regardant ; ne pas compter (ses efforts, la dépense, etc.).

RÈGNE. Finir (commencer) son règne ; achever ses jours (commencer à vivre).

REMÈDES. Laid à faire des remèdes ; d'une grande laideur.

RENARD. Être renard ; être rusé.

Faire le renard ; faire l'école buissonnière.

Fin (rusé) comme un renard ; rusé, espiègle (notamment, d'un enfant).

Plumer (pleumer) son (un) renard ; vomir en état d'ivresse. ❖ *Fr*. Écorcher, piquer le renard.

Tirer du (au) renard ; refuser d'obéir, d'obtempérer.

RENIPER. Reniper qqch. ; nettoyer, rafraîchir, remettre en état qqch.

R'QUIENS BEN. Avoir du (ne pas avoir de) r'quiens ben [retiens bien] **;** avoir de la (ne pas avoir de) retenue, de la (ne pas avoir de) discipline.

RESTANT. C'est le restant (des écus) ! C'est le comble ! ❖ *Fr*. C'est la fin des haricots.

RESTE. Avoir tout son reste à (faire) qqch. ; épuiser ses dernières ressources pour faire qqch. ❖ « Elle a eu tout son reste à l'empêcher de se jeter à l'eau. »

C'est le reste ! C'est le comble.

Jouer son reste ; risquer ses dernières ressources au jeu (notamment aux cartes).

Jouir de son reste ; exulter, avoir un plaisir méchant à qqch.

Tirer au reste ; tirer à sa fin.

RETARD. Être en retard ; être attardé mentalement, niais. ❖ « Lui, on peut dire qu'il est en retard ; pas moyen de lui faire comprendre le bon sens. »

RÊVES. Faire des rêves (rêver) en couleurs ; divaguer, inventer des chimères. ❖ « Si tu penses qu'il va s'excuser, lui, tu rêves en couleurs. »

R'VENEZ-Y. Il 'y a plus de r'venez-y ! Aucune possibilité de retour en arrière !

REVENIR. En revenir ; en avoir assez, être exaspéré. ❖ *Fr.* En avoir marre.

REVIRE. Faire une revire ; avorter.

Parler à la revire (retourner) ; essuyer un refus catégorique.

REVIRER. Revirer qqn ; opposer un non catégorique à qqn, envoyer promener qqn.

Se faire revirer (retourner) ; essuyer un refus catégorique.

REVOLER. Envoyer revoler qqn ; chasser qqn, le repousser violemment. ❖ *Fr.* Envoyer paître qqn.

RICHE. C'est un riche ! C'est pitoyable, c'est dommage. ❖ « Être pris avec un bazou pareil, c'est pas riche ! »

RIDEAUX. Grimper dans les rideaux ; s'exciter, s'énerver (pour peu). ❖ *Fr.* Se mettre dans tous ses états.

RIDER. Se faire rider [*angl.* « ride », balade] ; se faire tromper, duper.

RIEN. C'est comme rien ! C'est vrai ! C'est tout probable !

Se vendre comme rien ; se vendre facilement. ❖ *Fr.* S'écouler comme des petits pains.

Y a rien là ! C'est normal ! Rien de plus facile ! ❖ « Passer cet examen ? Y a rien là ! Je vais réussir haut la main. » ❖ *Fr.* C'est du gâteau.

RIGUINE. C'est une vraie riguine [*angl.* « rigging », gréement] **;** C'est mal fait, peu fiable ! ❖ *Fr.* C'est mal foutu.

RIME. Ne pas avoir de rime ; être idiot. ❖ *Fr.* Ne rimer à rien.

RINCE. Manger (attraper) une rince ; essuyer une raclée.

RINCER. Rincer [*angl.* « race », courser] **un moteur ;** lancer un moteur à plein régime.

RIPE. Partir (rien que) sur une ripe ; faire la fête, partir à toute vitesse.

RIPOMPETTE. Partir (y aller) sur la (une) ripompette ; se lancer dans une beuverie, filer.

RIPOUSSE. Arriver (partir) en ripousse ; arriver (partir) en coup de vent.

RIRE. Pas pour rire ! Totalement, à l'extrême. Aussi, **en pas pour rire !** Très, à l'extrême. ❖ « Mais Beauté

(…) elle est devenue laide pas pour rire. » Robert Baillie, *Des filles de Beauté*.

RISÉE. Entendre la risée ; entendre à rire, savoir ne pas se froisser des moqueries.

ROBINE. Prendre (boire) de la robine [*angl.* « rubbing alcohol », alcool à friction] ; boire du mauvais alcool, de l'alcool frelaté.

ROBBEUR. Partir (rien que, faire qqch. rien que) sur un robbeur [*angl.* « rubber », caoutchouc] ; partir en trombe, en faisant crisser les pneus. ❖ *Fr.* Démarrer sur les chapeaux de roues.

ROBE. Avoir sa robe de première communion ; jouir d'une bonne réputation.

ROCHE. Avoir un roche [*angl.* « rush », urgence] ; avoir un surcroît de travail, une urgence. ❖ « Aïe, Luc, bâtard, j'ai un roche ; il faut que j'aille aux bécosses. » *Samedi de rire*, Radio-Canada.

ROCHES. Un froid à fendre les roches ; un froid intense.

ROFFE. Être (faire le, son) roffe (and toffe [*angl.* « rough and tough », garnement, canaille]) ; être (faire le) dur. ❖ *Fr.* Être (faire le) dur à cuire.

ROGNONS. Tomber sur les rognons ; tomber sur les nerfs, agacer.

ROGNURE. Pauvre comme de la rognure de chien ; d'une grande pauvreté.

ROI. Fier comme un roi ; poseur, suffisant.

RÔLE DE CHIEN. Se coucher en rôle de chien ; se coucher tout habillé.

ROMANCES. Conter des romances ; flatter, raconter des mensonges. ❖ « Conte-moi pas de romances, je sais que je vais mourir. »

RONDE. Manger sa ronde ; essuyer une raclée, un revers.

RONGE. Mâcher (manger, ronger) son ronge ; ravaler sa colère, se ronger d'anxiété. ❖ « Seulement, je m'aperçus que Tanfan Jeannotte mangeait son ronge, et qu'il avait l'air de ruminer quèque manigance. » Louis Fréchette, *Contes de Jos Violon.* ❖ *Fr.* Ronger son frein.

RONNE. Partir sur une (des) ronne(s) [angl. « run », tournée] ; divaguer. ❖ « Tiens, voilà Jean qui est parti sur une ronne ; il n'y aura pas moyen de lui parler de toute la semaine. »

RONNEUR. Partir rien que sur un ronneur [*angl.* « runner », coureur] ; partir en trombe.

ROUE. Avoir une roue qui tourne pas rond (qui vire à l'envers) ; avoir l'esprit dérangé.

Courir le risque d'avoir une roue de trop ; se soucier inutilement d'un avenir incertain.

ROUES. Être sur ses dernières roues ; épuiser ses dernières ressources.

ROUET. Faire du (faire le, filer son, filer comme un) **rouet** ; ronronner.

ROUGE. Être dans le rouge ; être en déficit, avoir dépassé la marge de crédit disponible. Allusion à la pratique d'écrire en rouge les sommes d'un compte débiteur. Calque de l'anglais *to be in the red*.

ROULE. Être le roule ; être la pratique courante, la routine.

ROULEAU. Être (rendu) à la fin de son rouleau ; épuiser ses dernières ressources. ❖ *Fr.* Être au bout de son rouleau.

ROULEUSES. Fumer des rouleuses ; fumer des cigarettes roulées à la main.

ROYALEMENT. Se tromper (se faire avoir, etc.) **royalement** ; se fourvoyer, se tromper (se faire duper) totalement. ❖ « Il s'est trompé royalement de route, prenant la direction d'Ottawa pour se rendre à Sherbrooke. »

RUE. Être mis (mettre qqn) dans la rue ; être ruiné (ruiner qqn).

SABLE. Avoir du sable dans les yeux ; avoir les yeux lourds de sommeil.

SABOTS. Se mouver [*angl.* « move », bouger] **les sabots ;** se remuer.

SAC. Donner le sac (d'avoine) à qqn ; éconduire son amoureux.

En avoir plein le (son) sac (de qqn, qqch.) ; être à bout de patience, être excédé par qqn (qqch.). ❖ *Fr.* En avoir plein le dos.

Être un sac à chicane ; être chicanier.

Vider le sac à chicane ; régler une mésentente.

SACOCHES. Avoir de belles sacoches. Se dit d'une femme à la poitrine opulente.

SACRANT. Faire qqch. au plus sacrant ; faire qqch. au plus vite.

SACRE. Être en sacre ; être en colère.

Mettre qqn (se mettre) en sacre ; exaspérer qqn (être exaspéré par qqn).

Ni sacre ni branche ; rien n'y fait. ❖ « Ni sacre ni branche, je t'en passe un papier, elle voulait plus rien faire dans la maison. »

Pas faire qqch. pour un sacre ; faire qqch. pour rien au monde.

Va (donc) au sacre ! Fiche le camp ! ❖ *Fr.* Va te faire pendre !

SACRER. Sacrer qqn dehors ; évincer qqn.

(S'EN) SACRER. S'en sacrer (royalement) ; s'en moquer (totalement). ❖ « Nous, on s'en sacre royalement sans morgue aucune. » Robert Baillie, *Des filles de Beauté.*

SAFFE. Être (un beau, faire le) saffe [safre] **;** être (faire l')égoïste, pingre.

SAFRAN. Jaune comme le safran ; jaune intense.

SAINT. Faire (pouvoir faire) damner un saint ; excéder, mettre hors de soi. ❖ « Un enfant comme celui-là, ça ferait damner un saint. »

Faire son petit saint de plâtre ; faire hypocritement l'innocent. ❖ « Il fait son petit saint de plâtre mais si on y regarde de près, il n'est pas si innocent que ça. »

SAINT-JEAN-DE-DIEU. Être mûr pour Saint-Jean-de-Dieu ; être fou, avoir l'esprit dérangé. *Saint-Jean-de-*

Dieu, ancienne appellation de l'hôpital psychiatrique Louis-Hippolyte-Lafontaine.

SAINTS. Descendre tous les saints du ciel ; blasphémer à qui mieux mieux.

SALADE. Donner une salade à qqn ; barbouiller la figure de neige (à qqn).

(SE) SALIR. Aller se salir ; aller uriner.

SALON. Faire du salon ; s'asseoir en amoureux au salon, faire sa cour.

SAMEDI SOIR. Être crété [*angl.* « crated », en caisse] **en samedi soir ;** être pomponnée (d'une femme).

SAMSON. Être (ne pas être) Samson ; être (ne pas être) fort physiquement.

SANDWICH. Se trouver (être) pris en sandwich ; se trouver (être) pris en porte-à-faux. ❖ *Fr.* Être assis entre deux chaises.

SANG. Laid à arrêter le sang ; d'une grande laideur.

Se faire du sang de punaise (de bœuf, de nègre) ; se soucier, s'inquiéter (pour peu), broyer du noir. ❖ *Fr.* Se faire du mauvais sang.

SANGS. Reprendre ses sangs ; reprendre son sang-froid, ses esprits.

Se changer (se calmer, se refroidir) les sangs ; reprendre son calme (après une colère).

Se manger les sangs ; s'inquiéter, se tourmenter. ❖ *Fr.* Se ronger les sangs.

SANGSUE. Être une (vraie) sangsue. Se dit d'un importun (notamment un enfant).

SANS ALLURE. Être (un beau) sans(-)allure ; être idiot, dénué de bon sens.

SANS DESSEIN. Être (un beau) sans(-)dessein ; être idiot, imbécile.

SANS GÉNIE. Être (un) sans(-)génie ; être peu compréhensif, idiot.

SANS-TALENT. Être un sans-talent ; être dépensier, prodigue.

SANTÉ. Avoir une santé de fer ; être de constitution robuste.

Prendre une santé ; prendre une rasade (à la santé de qqn). ❖ « Ôtez vot' capot de poil p'is v'nez prendre une santé avec nous-aut ». Monologue du père Gédéon (Doris Lussier).

SAPIN. Passer (se faire passer) un sapin ; tromper (qqn, se faire tromper, duper).

SARABANDE. Faire (toute) une sarabande ; faire du tapage.

Manger (toute) une sarabande ; se faire engueuler, réprimander vertement.

SAUCE. Ne pas être clair de sa sauce ; ne pas en avoir fini de qqch., ne pas être innocenté de sitôt. ❖ « Toi, t'es pas clair de ta sauce, il te reste bien des choses à expliquer. »

SAUCER. Se faire saucer ; se faire tromper, duper.

SAUCETTE. Faire une (petite) saucette ; rendre une brève visite à qqn.

SAUT. Arriver (rien que) sur un saut p'is un pet ; arriver en trombe.

SAUT DE CRAPAUD. Faire faire le saut de crapaud à qqn ; se défaire rapidement d'un gêneur.

SAUTÉ. Être sauté (dans la tête) ; être fou, timbré, fantasque, hors de l'ordinaire. Dans la langue des jeunes. Une publicité : « Jos Louis... c'est sauté ! » ❖ « Il faut être sauté dans la tête pour faire de telles stupidités. »

SAUTOIR. Avoir les yeux en sautoir ; loucher.

SAUVAGE. Attendre (guetter) le(s) Sauvage(s) ; attendre l'accouchement. ❖ *Fr.* Attendre la cigogne.

Avoir du Sauvage ; avoir du sang amérindien.

Avoir (eu) la visite du (des) Sauvage(s) ; accoucher (avoir accouché).

Fumer comme un Sauvage ; fumer abondamment.

Le(s) Sauvage(s) est (sont) passé(s). Se dit d'une femme devenue enceinte.

Partir comme un (en) sauvage ; partir brusquement, sans faire les salutations d'usage. ❖ « Ne pars donc pas comme un sauvage, rien que sur une jambe. Tiens, je vais te servir une autre lampée de mon vin de rhubarbe. » Rodolphe Girard, *Marie Calumet*. ❖ *Fr*. Filer à l'anglaise.

SAUVETTE. Partir en sauvette ; déguerpir.

SAUVEZ-VOUS. Sentir le sauvez-vous ; sentir mauvais, empester.

SAVATE. Avoir l'air savate. Se dit d'une femme mal habillée. En France, *comme une savate* : n'importe comment. ❖ *Fr*. Fagotée comme un sac.

SAVON. Être en (beau) savon. Se dit d'un cheval épuisé, en écume.

Passer (se faire passer) le savon ; engueuler (se faire engueuler). Se dit notamment à propos d'un enfant. ❖ *Fr*. Passer (se faire passer) à tabac.

SAVONNAGE. Passer un savonnage à qqn ; semoncer, réprimander qqn.

SAVONNER. Se faire savonner ; se faire réprimander, corriger. ❖ « Paul s'est fait savonner par sa mère en raison de son mauvais bulletin mensuel. » ❖ *Fr*. Se faire passer un savon.

SCIE RONDE. Prier comme une scie ronde ; marmonner des prières.

SCREWS. Avoir des *screws* [*angl.* vis] **de lousses** [*angl.* « loose », avoir du jeu] ; avoir l'esprit dérangé.

SEAU. Plein comme un petit seau ; ivre mort.

SEC. Faire sec ; faire le fanfaron, offrir un aspect peu engageant. ❖ *Fr.* Être mal foutu.

SECRET. Soigner du secret ; avoir un don pour soigner les animaux.

SECRETS DE DIABLE. Faire des secrets de diable ; se parler tout bas entre amoureux.

SEL. Pauvre comme du (le, du gros) sel. Se dit d'une grande pauvreté. ❖ *Fr.* Pauvre comme Job.

SEMELLE DE BOTTE. Dur comme de la semelle de botte. D'une viande coriace, de mauvaise qualité. S'emploie aussi en France.

SENS. Se revirer les sens (sangs) ; s'inquiéter, se tourmenter. ❖ *Fr.* Se faire du mauvais sang.

SENTEUX DE PET. Être un senteux de pet ; être homosexuel.

SENTEUX DE VESSE. Être un senteux de vesse ; être un importun, un indiscret.

SENT LA MARDE. Être (un) sent(-)la(-)marde ; être détestable, paresseux, sans cœur.

SEPT. (Ne plus) trouver le sept pour saucer ; (ne pas) pouvoir se tirer d'affaire, d'embarras.

SÉRAPHIN. Être (faire le, *tight* [*angl.* serré] comme) Séraphin ; être avare. S'inspire du protagoniste bien connu d'un roman de Claude-Henri Grignon.

SERIN. Chanter comme un serin ; chanter merveilleusement.

Jaune comme un serin ; jaune intense.

SERPENT. Avoir du serpent dans le corps ; être agité, ne pas pouvoir rester en place. ❖ *Fr.* Avoir le diable au corps.

Avoir mangé du serpent cru ; être en colère, en rogne.

Se laisser aller au serpent ; se défouler, se débrider.

SERRÉ. Être serré ; avoir peu d'argent.

SERRE LA PIASTRE. Être (un) serre(-)la(-)piastre ; être pingre, avare.

(DE) SERVICE. Ne pas être de service. Se dit d'une personne insupportable (notamment d'un enfant).

SEXE. Être porté sur le sexe ; être sensuel, avoir une sexualité débridée. ❖ « Même à son âge avancé, il est encore porté sur le sexe, vieil haïssable, va ! » ❖ *Fr.* Être porté sur la bagatelle.

SHAFT. **Se polir (gruger) le *shaft* [*angl.* hampe] ;** se masturber.

SHAKE. **Avoir (pogner** [poigner] **les) le *shake(s)*** [*angl.* trembler] ; se mettre à trembler (de surprise, de peur, etc.). Calque de l'anglais *to have the shakes.*

SHOP. **Ça va mal à la *shop* !** [*angl.* atelier] C'est déplorable ! Ça va mal ! ❖ « Un gars qui n'a même pas dix mille dollars en banque, ça va mal à la *shop* ! » Mario Tremblay, *Surprise sur prise*, réseau Quatre-Saisons.

SHORTS. **Tourner (faire tourner qqn) dans ses *shorts*** [*angl.* caleçon (au Québec)] ; donner (se faire donner) une raclée, secouer (se faire secouer).

SHOW. **Faire son *show*** [*angl.* spectacle] ; se donner en spectacle, plastronner. ❖ *Fr.* Faire son (petit) numéro.

SI. **Avec (des) si on va à Paris, avec (des) ça on reste là.** Pour se moquer de celui qui évoque sans cesse des improbabilités.

SIAU. **Envoyer qqn sur le siau ;** envoyer promener qqn.

Mange donc un siau [seau] **de marde !** Fiche-moi la paix ! Injure.

SIAUX. **Mouiller (pleuvoir) à siaux** [seaux] ; pleuvoir à verse. Relevée chez Zola (*Au bonheur des dames*) : « La pluie tomberait à seau dans mon lit. » ❖ *Fr.* Pleuvoir des hallebardes.

SIFFLE. **Lâcher un siffle ;** siffler.

SIFFLETTE. **Couper (se faire couper) le sifflette** [sifflet] ; interrompre qqn (se faire interrompre), couper (se faire couper) la parole. ❖ « Il n'avait pas encore dit un seul mot que déjà l'autre lui avait coupé le sifflette. »

SILLON. Creuser son sillon ; vivre sa vie.

SIMPLE. Faire simple comme nos vaches ; avoir l'air niais, benêt.

SINGE. Avoir une mémoire de singe ; avoir une mémoire remarquable.

Drôle comme un singe ; comique, rigolo, amusant.

Être singe de course ; être bon imitateur.

Laid comme un singe ; repoussant. S'emploie aussi en France.

SIPHONNER. En siphonner un coup ; aimer l'alcool, trinquer. ❖ « Il en siphonne un coup, ce gars-là, il n'est pas sorti de la taverne de la fin de semaine. »

SIROP. Pauvre comme du sirop ; complètement démuni, sans le sou.

SIROP DE POTEAU. Boire (prendre) du sirop de poteau ; boire du sirop aromatisé (plutôt que du sirop d'érable).

SIX. Ne pas valoir le six (de pique) ; n'avoir aucune valeur, être bon à rien.

SIX PIEDS. Avoir le moral à six pieds sous terre ; être démoralisé, abattu. ❖ « Le visage et le corps pleins

de bleus, sans parler du moral à six pieds sous terre. »
« Hélène Lizotte, ç'aurait pu être moi ! », *La Presse*, août
1987.

SKIS. Où c'est que tu vas avec tes skis (dans le bain) ?
Ce n'est ni le temps ni le lieu pour faire ou dire cela.

SLAQUE. Avoir le ventre slaque [*angl.* « slack »,
mou] ; souffrir de diarrhée.

SLIDE. **Faire qqch. sur la *slide*** [*angl.* glissade] ; faire
qqch. à la dérobée, en cachette, à l'insu des autorités.
❖ « Ils ont sorti plusieurs bidons de peinture sur la *slide*,
qu'ils ont vendus à des amis. »

SLOW MOTION. **Être *slow motion*** [*angl.* ralenti] ; être
lent, lambin.

SMARSETTE. Faire une smarsette ; commettre une
finasserie.

SMATTE. Être (bien) smatte [*angl.* « smart » , intelli-
gent] ; être serviable, intelligent. ❖ « Le petit Paquette
est bien smatte, chaque fois que je lui ai demandé de me
rendre un service, il a accepté. »

Faire le (son, son beau) smatte ; faire le fanfaron. ❖ « Il
faisait le smatte devant les camarades mais quand il est
revenu à la maison, il s'est fait engueuler par son père. »

SNIPER. Aller sniper qqch. ; aller chercher qqch. en
vitesse.

SNORO. Être un (vieux, faire son) snoro ; être (faire son) coquin, malin. Se dit notamment d'un enfant ou d'un vieillard. Exprime parfois une connotation sexuelle.

SOIE. Être une soie ; être une jeune fille, une femme douce, gentille.

Fin comme de la soie ; aimable, gentil.

SOIN. Y a pas de soin ! C'est évident ! Aucun besoin de se tracasser. ❖ « Y a pas de soin, avec l'argent de l'héritage, ce petit morveux, il est gras dur. »

SOLIDE. Être solide sur pattes ; être de constitution robuste, costaud. ❖ « Il est solide sur pattes, ce Johnny Rougeau, si tu l'avais vu essuyer cette prise de tête sans broncher ! »

SON. N'avoir ni son ni ton ; n'avoir ni rime ni raison.

Pisser dans le son ; être froussard, prendre peur.

SORCIER. Être en sorcier ; être en colère. ❖ « Vous comprenez bien, le charretier est en sorcier. » Hector Berthelot, *Veillées du bon vieux temps.*

Fin comme un sorcier ; rusé, espiègle. Se dit notamment d'un enfant.

SORT. Y avoir du sort dans qqch. ; y avoir de la sorcellerie, une réalité inexplicable dans qqch.

SORTI. Être (déjà) sorti après neuf heures ; avoir l'expérience de la vie.

SOU. N'avoir ni le sou ni la perle ; n'avoir ni l'argent ni le talent pour faire qqch., ne rien posséder. ❖ *Fr*. N'avoir ni sou ni maille.

Pouvoir tondre un sou ; être avaricieux.

Propre comme un sou frotté ; d'une propreté méticuleuse. ❖ *Fr*. Propre comme un sou neuf.

SOUFFLE. Courir après son souffle ; chercher son souffle, être hors d'haleine.

SOUILLONNE. Avoir l'air souillonne. Se dit d'une femme mal habillée.

SOUINCE. Donner (prendre) une soince ; donner (essuyer) une raclée, une réprimande.

SOULEUR. Avoir souleur (de qqch.) ; pressentir (qqch), avoir peur (de qqch.). ❖ « Elle avait souleur qu'elle allait mourir et puis, elle est morte une journée plus tard. »

SOULIER. Ça va pas dans le soulier ? Perdez-vous la tête, la raison ? ❖ *Fr*. Ça va la tête ?

Plissé comme un soulier ; ridé.

SOULIERS RONDS. Avoir les souliers ronds ; tituber en état d'ivresse.

SOURIS. Pauvre comme une souris d'église ; d'une grande pauvreté.

SPARAGES. Faire des sparages ; gesticuler, faire un esclandre.

SPARGESTES. Faire des spargestes ; gesticuler en parlant.

SPELLO. Prendre un spello ; trinquer, s'enivrer.

SPOTE À PANNEAU. Être un spote à panneau. Se dit d'un jeune fanfaron.

SPRIGNE. Avoir du sprigne [*angl.* « spring », ressort] ; récupérer, revenir rapidement, reprendre rapidement son sang-froid.

Faire qqch. (rien que) sur un sprigne ; faire qqch. en un instant, en un éclair.

Ne pas avoir posé les sprignes aux sauterelles ; ne pas être d'une grande intelligence, d'une grande subtilité. ❖ *Fr.* Ne pas avoir inventé la poudre à canon.

STAGS. **Mouver ses *stags*** [*angl.* savates] ; se remuer.

STEAK. Ass(o)is-toi sur ton steak ! Reste assis et tais-toi !

Bleu comme un steak ; transi.

S'asseoir sur son steak ; paresser, s'abstenir d'agir.

STEPPETTES. Faire des steppettes [*angl.* « step », pas] ; sautiller, sauter (de joie, de douleur, etc.).

STOOL. Être (faire le) *stool* [*angl.* « stool pigeon », mouchard] ; être mouchard, panier percé. ❖ « Il a rapporté ça au boss, le maudit stool. » Yvon Deschamps, *Samedi de rire*, Radio-Canada.

STRAP. La strap [*angl.* courroie] **est à terre** ; être découragé, désœuvré.

STRIKE. Être en *strike* [*angl.* hors jeu, grève] ; être éconduit.

SUCES. **Mettre (enlever) ses suces** ; mettre (retirer) ses bottes, ses caoutchoucs.

SUCRÉE. **En manger une sucrée** ; recevoir une bonne raclée.

SUCRES. **Aller aux sucres** ; se rendre à la cabane à sucre.

SUÉE. **Prendre une suée** ; se mettre en sueur en accomplissant une tâche.

SUISSE. **Être plein comme un suisse** ; avoir la bouche remplie (de nourriture). SUISSE : tamia rayé.

Joté comme un suisse ; joufflu.

SUIVEUX. **Être (un) suiveux** ; imiter les autres, dépendre d'autrui.

SUPER. **Être super !** Être formidable, dans le jargon des jeunes.

SURVENANT. Arriver en Survenant ; surgir à l'improviste. D'après le protagoniste du roman du même nom de Germaine Guèvremont.

SUZANNE-CATAUD. Être une Suzanne-Cataud. Se dit d'une femme mal habillée.

SWIGNE. Sentir le swigne [*angl.* « swing », balancement] ; sentir mauvais, le sur.

TABAC. Connaître le tabac ; avoir de l'expérience, connaître les ficelles.

TABLE. Faire qqch. en dessous de la table ; faire qqch. en cachette, à la dérobée, à l'encontre des règles établies.

Passer en dessous de (sous) la table ; être privé de repas (en guise de punition ou pour être arrivé en retard).

TABLETTER. Se faire tabletter (tabletter qqn, être tabletté) ; être mis (mettre, se faire mettre) en disponibilité. ❖ « Un fonctionnaire, ça ne parlera jamais parce que ça risque de se faire tabletter. »

TABLETTES. Mettre qqn (qqch.) sur les tablettes ; mettre qqn en disponibilité, qqch. en attente, abandonner qqch. (notamment un projet). ❖ « Le ministère a dû mettre nombre de professeurs sur les tablettes, il n'y avait pas de place pour eux dans les écoles. » ❖ *Fr.* Renvoyer qqch. aux calendes grecques.

TAILLANT DE HACHE. Avoir le nez comme un taillant de hache ; avoir le nez busqué.

TAILLANTS. Avoir un visage à deux taillants ; avoir un air, une expression hypocrite.

TALLE. Être (jouer) dans la talle de qqn ; chercher à ravir le (la) partenaire d'autrui.

Mettre son nez dans la talle de qqn ; s'occuper des affaires d'autrui. Aussi, **Ôte-toi de (mets pas ton nez dans) ma talle !** Ne te mêle pas de mes affaires.

TALLES. Tomber dans les talles de qqn ; plaire à qqn.

TAMBOURIN. Arriver comme tambourin à noces ; surgir à propos, au moment propice.

TANNANT. Être tannant aux portes ; être agité, turbulent.

Un tannant de... Superlatif. Magnifique, superbe, impressionnant. Ainsi, *un tannant de beau gars, un tannant de chandail*, etc.

TANTE. Aller voir sa tante ; aller à la toilette.

TAON. Vite comme un taon ; vif, rapide.

TAPE. Sacrer (donner) une tape à qqn ; gifler, souffleter qqn.

TAPONNAGE. Y avoir (faire) du taponnage ; y avoir du flottement, perdre son temps à des riens.

TAPONNER. Passer (perdre) son temps à taponner ; perdre son temps.

TAQUET. Avoir le taquet à terre ; être abattu, déprimé.

Rabattre le taquet à qqn ; faire taire qqn, clouer le bec d'un impudent. ❖ *Fr.* Rabaisser le caquet à qqn.

TAQUETTE. Baisse le taquette [taquet] **!** Baisse le ton !

TARAUD. Avoir un taraud de lousse [*angl.* « loose », mou, jeu] **;** être timbré.

Manquer un taraud à qqn ; avoir l'esprit dérangé.

TARAUDER. Tarauder qqn ; apostropher, faire taire qqn (notamment un importun).

TARLA. Avoir l'air (être, faire le) tarla ; avoir l'air (être, faire le) niais.

TAS. Faire son tas ; déféquer.

Fonce (bûche, frappe) dans le tas ! Va de l'avant ! Fonce ! Formule d'encouragement, notamment à l'endroit d'un enfant timide. ❖ « Fonce dans le tas ! C'est comme ça que tu vas arriver à quelque chose. »

TASSE. Prendre sa tasse (sa tasse et demie) ; s'enivrer, trinquer.

Prendre une tasse ; trinquer.

Prendre un coup de tasse ; se faire rabrouer, se faire remettre à sa place.

TASSÉE. Prendre une tassée ; boire avec excès.

TATA. **Faire (envoyer) un (des) tata(s) ;** saluer de la main. ❖ « Tu vas voir, c'est bien moi, le bonhomme carnaval ; je vais envoyer une couple de tatas. » *Le club des 100 watts*, Radio-Québec, février 1989.

TATAOUINAGE. **Y avoir (faire) du tataouinage ;** y avoir du tâtonnement, tergiverser, hésiter.

TAUPE. **Dormir comme une taupe ;** dormir d'un sommeil profond.

Myope comme une taupe ; complètement myope. S'emploie aussi en France.

TAUREAU. **C'est taureau !** C'est formidable, extraordinaire !

Fort comme un taureau ; très fort.

TEA POT. **Chaud comme un *tea pot*** [*angl.* théière] ; brûlant.

TEMPS. **Arriver sur un temps rare ;** arriver en trombe, à toute vitesse.

Dans le temps comme dans le temps ; au moment opportun. Pour inviter à la patience.

Faire du temps ; faire un séjour en prison.

Faire qqch. sur un vrai temps (sur un temps rare) ; faire qqch. en un rien de temps.

Faire (du) son temps ; purger sa peine, purger une peine de prison. Aussi, **avoir fait son temps,** être vieux-jeu, démodé.

Prends ton temps lâche les vents ; formule amusante pour dire qu'il n'y a pas lieu de se hâter. VENTS : gaz.

Y en avoir sur un temps rare ; y en avoir beaucoup, en quantité.

TEMPS D'HOMME. Finir son temps d'homme ; achever ses jours.

TENDRE. Être tendre d'entretien. Se dit d'une femme corpulente. Allusion à la croyance voulant qu'une femme forte soit plus affectueuse, plus tendre d'entretien.

Être tendre de gueule. Se dit d'un cheval réagissant vite aux commandements.

TERMES. Parler en (dans les) termes. Se dit de celui qui a un beau langage, qui est instruit et s'exprime en termes savants. ❖ « Monsieur le curé, il parle tellement en termes que des fois, on le comprend pas. »

(À) TERRE. Être (complètement) à terre ; être (totalement) épuisé. ❖ « Ce travail était très épuisant ; ce matin, je suis complètement à terre. »

Pauvre comme la terre ; totalement démuni. ❖ *Fr.* Pauvre comme Job.

TERRE SÈCHE. Boire comme une terre sèche ; boire avec excès, s'enivrer.

TÊTE. Avoir une tête sur les épaules ; obéir au bon sens. ❖ *Fr.* Avoir la tête sur les épaules.

Coucher tête beige ; de deux personnes, l'une couchant la tête là où l'autre a les pieds. Déformation de *tête-bêche*.

En avoir par-dessus la tête ; en avoir assez, être à bout. S'emploie aussi en France.

Piquer une tête ; dégringoler, trébucher, observer à la dérobée. ❖ « Je l'ai vu piquer une tête dans la rivière et il n'est pas remonté à la surface. »

Se faire écharogner la tête ; se faire donner une mauvaise coupe de cheveux.

Se manger le derrière de la tête ; s'inquiéter, se tourmenter. ❖ *Fr.* Se ronger les sangs.

Sortir (se faire sortir) sur la tête ; évincer qqn (se faire évincer). ❖ « C'est ce que j'appelle se faire sortir sur la tête, le pauvre gars n'a même pas demandé son reste au père de la fille. »

TÊTE À GALILÉE. Ne pas être la tête à Galilée ; être peu éveillé, peu intelligent. ❖ *Fr.* Ne pas avoir inventé la poudre.

TÊTE À PAPINEAU. Ne pas être la tête à Papineau ; ne pas être très intelligent, très perspicace. Allusion à Louis-Joseph Papineau, célèbre tribun populaire, qui passait pour très intelligent.

TÊTE CARRÉE. Être une tête carrée [péj.]. Se dit d'un anglophone borné, être borné.

TÊTE CROCHE. Avoir la (être une) tête croche ; être désobéissant, rebelle, têtu (se dit notamment d'un enfant). ❖ *Fr.* Être une mauvaise tête.

TÊTE D'EAU. Être une tête d'eau ; être idiot, nigaud.

Grosse tête d'eau les oreilles te flottent ; formule amusante, proférée notamment entre jeunes, pour accuser en blague qqn d'idiotie.

TÊTE DE COCHON. (Avoir une (être, faire sa) tête de cochon ; être têtu, entêté. Se rencontre aussi en France.

TÊTE DE PIOCHE. Avoir (être, faire sa) une tête de pioche ; être têtu, écervelé (se dit notamment d'un enfant).

TÊTE D'ŒUF. Avoir (être une vraie) tête d'œuf ; être borné, niais.

TÊTE DURE. Être une (faire sa) tête dure ; être entêté, s'entêter (se dit notamment d'un enfant).

TÊTE ENFLÉE. Avoir la (faire sa) tête enflée ; snober, se croire.

TÊTE HEUREUSE. Être (faire sa p'tite) tête heureuse ; être (faire l') écervelé, idiot.

THÈSE. Faire une thèse sur l'utilité du poil de vache dans le mortier [eu.] ; formule amusante pour : dégoiser sur un sujet oiseux.

THOMAS. Être (comme, faire son) Thomas ; être (faire l') incrédule. Allusion au personnage biblique bien connu.

TI-BUS. Ti-bus est arrivé. Se dit du début des menstruations.

TICKET. Donner son ticket à qqn ; éconduire qqn (notamment un amoureux).

TICTAC. Ne plus avoir que le tictac puis l'air d'aller ; être épuisé, à bout de forces. ❖ *Fr.* Être au bout de son rouleau.

TIGRE. Malin comme un tigre ; irascible, colérique.

TIME. **Avoir un (gros, un de ces)** *time(s)* [*angl.* s'amuser] ; s'amuser follement, avoir un plaisir fou. ❖ « J'comprends. On va t'avoir un de ces *times*, mon *kid* ! » *Le Grand Jour*, Radio-Canada.

Partir sur un *time* **;** partir en fête.

TIRE. Avoir un tire ; être gros, faire de l'embonpoint.

Être chaud sur sa tire. Se dit d'un cheval prompt, rétif.

TITI. ...en titi ! Superlatif. Ainsi, beau, laid, etc. en titi.

Être (se mettre) en (beau) titi ; être (se mettre) en colère, en furie.

TOASTS. **Y aller (décoller) aux** *toasts* **;** filer, passer (partir) en trombe.

TOBBE. Se faire parler dans la tobbe [*angl.* « tub », cuve] ; se faire engueuler, réprimander. ❖ « Il s'est fait parler dans la tobbe par le professeur en raison de son travail bâclé. »

TOFFE. Faire son (p'tit) toffe [*angl.* « tough », endurci] ; faire son fanfaron, son dur (se dit notamment d'un enfant).

TOILE. Faire (faire de, battre) la toile ; s'évanouir, avoir les dernières convulsions avant de mourir. Allusion au faseillement de la voile qui rappelle les convulsions d'un mourant.

TOKEN. **Ne pas avoir une *token*** [*angl.* jeton] ; être fauché. Allusion aux jetons utilisés autrefois dans les *tramways*. ❖ *Fr.* Ne pas avoir un rond.

TÔLE. Ne pas avoir une tôle ; être sans le sou.

TÔLÉ. Être tôlé ; être frondeur, fanfaron, idiot, avoir du toupet. ❖ « Il est tôlé, aller poser en plein jour une bombe dans une banque du centre-ville. »

TOMATE. Rouge comme une tomate ; très rouge, avoir le visage cramoisi (de gêne, de colère).

TOMBE. Discret comme la tombe ; d'une grande discrétion. ❖ « Tu peux sans crainte te confier à lui, il est discret comme la tombe. » ❖ *Fr.* Muet comme la tombe.

TOMBEREAU. Avoir qqch. au tombereau ; avoir qqch. à profusion, en quantité.

Être un (vrai) tombereau. Se dit d'un véhicule incon-fortable.

TONDRE. Se laisser tondre (comme un mouton) ; se laisser abuser, exploiter.

TONNE. Gros comme une tonne. D'une personne corpulente, obèse. TONNE : tonneau de grande dimen-sion.

Plein comme une tonne ; ivre mort.

Sentir la tonne ; empester l'alcool.

TONNEAU. Boire comme un tonneau ; trinquer, s'eni-vrer.

TOO MUCH. Too much ! [*angl.* trop] Merveilleux ! Fantastique ! Dans la langue de la jeunesse.

TOOTHPICK. **Gros (maigre) comme un** *toothpick* [*angl.* cure-dents] ; maigrichon.

TOP. **Être le** *top !* [*angl.* sommet] C'est le comble! C'est fantastique! C'est le mieux.

Être viré (virer) sur le *top* [*angl.* pavillon] ; perdre l'es-prit, perdre tout bon sens, faire un tonneau (en voiture).

Poigner son *top* ; être à bout (de patience, de ressources).❖ « Moi j'ai poigné mon *top*, j'en ai eu jus-que-là. » *À plein temps*, Radio-Québec, décembre 1988. ❖ *Fr.* En avoir ras le bol.

TOQUER. Se toquer sur qqn ; s'enticher de qqn. ❖ *Fr.* Se toquer de qqn.

TORCHETTE. Net comme torchette ! C'est dit ! Inutile de poursuivre. ❖ *Fr.* Point à la ligne.

TORD-COU. Mouiller à tord-cou ; pleuvoir à verse.

TORDEUR. Passer qqn dans le tordeur ; ruiner, plumer qqn, l'exploiter.

TORTUE. Courir comme une tortue ; avancer lentement.

Lent comme une tortue ; lambin, lent. ❖ *Fr.* Avancer à pas de tortue.

TOTON. Être (avoir l'air, faire le) toton [téton] ; être (avoir l'air, faire le) niais. ❖ « Mais lui il est un peu toton. » *Samedi de rire*, Radio-Canada, octobre 1988.

TOUCHES-Y PAS. Ça s'appelle touches-y pas ! N'y touche pas sinon... ❖ « Ma sœur, ça s'appelle touches-y pas ! »

TOUÉE. Avoir de la touée ; être en avance.

TOUNE. Partir sur (prendre) une toune [*angl.* « tune », mélodie] ; amorcer une chanson, partir sur une toquade, se lancer dans une beuverie, s'enivrer.

TOUR. Savoir (avoir) le tour de (faire) qqch. ; connaître la façon de faire (connaître les particularités de) qqch.

TOUR À BABEL. Gros comme la tour à Babel. Se dit d'une personne obèse.

TOUR DE GUEULE. Faire qqch. d'un tour de gueule ; faire qqch. en un rien de temps. ❖ *Fr.* Faire qqch. en un tour de main.

TOURMALINE. Faire de la tourmaline ; avoir l'esprit dérangé.

TOURS DE BABEL. Faire des tours de Babel ; perdre son temps à des riens.

TOURTE. Tomber à terre comme une tourte ; s'écraser, s'effondrer. Tourte : oiseau aujourd'hui disparu qui, à une époque, a fait l'objet d'une chasse effrénée, d'où le mot tourtière. ❖ « Jean-Jacques lui a donné un coup de poing qui l'a fait tomber comme une tourte. »

TOUT CHIÉ. Être qqn tout chié ; ressembler de manière frappante à qqn. ❖ *Fr.* Ressembler à qqn comme deux gouttes d'eau.

TOUT CRACHÉ. Être qqn tout craché ; être le parfait reflet de qqn.

TOUT CROCHE. Être (se sentir) tout croche ; avoir mauvaise apparence, être (se sentir) tout intimidé, tout mal.

Habillé tout croche ; mal habillé.

Faire qqch. tout croche ; faire qqch. de travers, maladroitement.

TOUT À LUI. Ne pas être tout à lui ; être un peu timbré.

TOUT NU. Être (un, avoir l'air d'un) tout nu (dans la rue) ; être ruiné, être (avoir l'air) sans le sou, pauvre. ❖ « Il n'est pas tout nu dans la rue, le père Laframboise, il peut payer les études de son neveu. »

TOUT RECOPIÉ. Être qqn (qqch.) tout recopié ; être la personnification, le portrait même de qqn (qqch.). Ainsi, c'est la paresse, la force, etc. tout recopié ; c'est son père, etc. tout recopié.

TRAFIC. Va jouer dans le trafic ! Déguerpis ! Se dit particulièrement à un enfant. ❖ « Va donc jouer dans le trafic, tu vois bien que tu nous déranges. »

TRAIN. Entendre (faire, mener du) train ; entendre (faire) du bruit, du brouhaha. ❖ « J'ai jamais entendu autant de train dans une église. » *Le Grand Jour*, Radio-Canada.

Faire le train ; traire les vaches, faire l'ordinaire sur la ferme.

Filer le grand train ; filer à toute allure. Se dit notamment d'un cheval qui file au grand trot. ❖ *Fr.* Aller grand train.

Jomper [*angl.* « jump », sauter] **le train ;** sauter illégalement dans un train en marche (notamment pour partir à l'aventure).

Mener (faire) un train d'enfer (du beau diable) ; faire du tapage.

Soulever le train de qqn ; secouer qqn de sa torpeur. Train, de « train arrière » : postérieur.

TRAIN D'AFFAIRES. Avoir un train d'affaires ; être affairé, occupé.

TRAÎNEAU. Se brasser le traîneau; se remuer. ❖ *Fr.* Se magner le train.

TRAÎNERIE. Ça prend (c'est) pas de (une) traînerie ! Ça ne traîne pas ! C'est pas long ! ❖ « Ça prend pas de traînerie ! On décharge les camions et deux jours plus tard, les produits sont sur les rayons. »

TRAIT. Avoir le trait sur qqn ; l'emporter, avoir l'avantage sur qqn. ❖ « Jacques avait le trait sur moi mais j'ai réussi à le semer dans le tournant. »

TRAITE. Payer la traite à qqn ; offrir un verre, une tournée, y aller à fond de train, tabasser, fustiger qqn. ❖ « Il y a Lysiane Gagnon qui paye la traite à deux grands capitalistes. » ❖ *Fr.* Offrir la tournée.

Se faire payer la traite ; subir un châtiment mérité, se faire tabasser.

TRÂLÉE. Avoir une (s'occuper d'une) trâlée d'enfants ; avoir (s'occuper d') une famille nombreuse, une ribambelle d'enfants.

TRANQUILLE. Être tranquille aux portes ; être paisible, calme.

TRANSPORTS. Modère tes transports ! Calme-toi !

TRAPPE. Ferme ta trappe ! Ferme-la ! Calque de l'anglais *shut your trap*.

Se fermer (fermer) la trappe (à qqn). Se taire (faire taire qqn). ❖ *Fr.* Clore le bec à qqn.

S'ouvrir la trappe ; dévoiler (un secret), se mettre à parler, à déblatérer. ❖ *Fr.* Se mettre à table.

TRAQUE. Être à côté de la traque [*angl.* « track », voie] ; être dans l'erreur, se tromper, se fourvoyer. ❖ « Je pense, monsieur Drouin, que vous êtes complètement à côté de la traque. » *Les Insolences d'une caméra*, Radio-Canada, février 1989. ❖ *Fr.* Être sur la mauvaise voie.

Perdre la traque ; perdre le cours (de la conversation, etc.), perdre l'esprit. ❖ *Fr.* Perdre le fil.

Remettre qqn sur la traque ; faire prendre conscience à qqn de son erreur, remettre qqn sur la bonne voie. ❖ *Fr.* Remettre qqn sur le droit chemin.

TRAVE. Être sur la trave ; se sentir mal après une cuite. ❖ *Fr.* Avoir la gueule de bois.

(À) TRAVERS. Piquer à travers ; emprunter un raccourci.

(DE) TRAVERS. Être (tout) de travers ; être dans l'erreur, agir de manière erronée, marginale.

Se passer qqn de travers ; se moquer de qqn. ❖ « Jean, je me le passe de travers. C'est pas lui qui me fait peur. » ❖ *Fr.* Je l'emmerde !

(EN) TRAVERS. Être en travers des autres ; agir (penser) à contre-courant.

TRÈFLE. Être dans le trèfle par-dessus la tête ; être amoureux fou.

Va péter dans le trèfle ! [fam.] Déguerpis !

TREMBLOTE. Avoir la tremblote ; trembloter sans arrêt.

TRENTE-SIX. Être (se mettre) sur son trente-six (trente-trois, trente-cinq) ; s'habiller avec recherche, enfiler ses plus beaux vêtements. ❖ *Fr.* Se mettre sur son trente et un.

TRENTE SOUS. Avoir les yeux grands comme des trente sous ; avoir les yeux exorbités.

Changer (donner, être) quatre trente sous pour une piastre ; être égal, équivalent, futile, n'être pas plus avantageux, conserver le *statu quo*. ❖ « Ils disaient [nos grand-pères] que ramasser des trente sous avec des mitaines dans la neige, c'était pas payant ! (…) C'est changer quatre trente sous pour une piastre, comme on peut dire en

bon canayen. » Pierre Perrault, *Les Voitures d'eau*.
❖ *Fr.* Ne rien gagner au change.

Piler des trente sous ; thésauriser, amasser de l'argent.

TRÈS. Être dans le très (drôle, ennuyant, etc.) ; être très (drôle, ennuyant, etc.).

TRÉSOR CACHÉ. Être un trésor caché ; être vieux garçon, vieille fille.

TRICOTAGE. Se mélanger (mêler) dans son tricotage ; se confondre, se mêler dans l'enchevêtrement de ses propres mensonges.

TRIMPE. Être (un, un vrai, faire le) trimpe [*angl.* « tramp », vagabond] ; être un (agir en) voyou.

TRIP. **Partir sur un *trip*** [*angl.* voyage] ; s'enivrer, partir sur une lubie.

TRIPE. Se bourrer (se péter, remplir) une tripe ; manger, s'empiffrer. Aussi, *Ça bourre une tripe !* Ça calme la faim.

TRIPETTE. Ça vaut pas tripette ; ça vaut peu. S'emploie aussi en France. TRIPETTE : petite tripe. ❖ « Cette voiture ne vaut pas tripette, je devrai m'en débarrasser. »

TRIQUE. Jouer la trique à Paulo ; jouer un tour, une blague à qqn.

TROGNON. ...jusqu'au trognon ; jusqu'au bout, à l'extrême. Superlatif. Ainsi, gêné, craintif, etc. jusqu'au trognon. ❖ « Cet homme est vraiment pourri jusqu'au trognon : trois meurtres à son actif et aucun remords. »

TROIS JEUDIS. Dans la semaine des trois jeudis ; autrement dit, jamais. ❖ *Fr.* Dans la semaine des quatre jeudis.

TROIS X. C'est dans les trois X. C'est fameux, épatant !

TROISIÈME ÉTAGE. Pleuvoir au troisième étage ; avoir l'esprit dérangé.

TRÔNE. Être (rester) sur le trône ; s'attarder sur (à) la (salle de) toilette.

TROTTE. Partir sur la (une) trotte ; partir en fête, draguer, vadrouiller. ❖ *Fr.* partir en goguette.

TROU. Boire comme un trou ; trinquer, s'enivrer. S'emploie aussi en France.

Être attelé au dernier trou ; être à bout de ressources, de forces.

Être (arriver) dans le trou (de x dollars) ; être ruiné, sans le sou, être perdant de x dollars. En France, *être dans le trou* : être enterré [vieilli].

Manger comme un trou ; s'empiffrer.

Mettre qqn dans le trou ; ruiner qqn.

Péter plus haut que le trou ; snober, parader, s'afficher. ❖ « Ces gens-là ne sont pas de notre monde, ils sont snobs et pètent plus haut que le trou. » Bernard Noël, *Les Fleurs noires*. ❖ *Fr*. Péter plus haut que le cul, que son derrière.

Prendre le trou du dimanche ; s'étouffer en avalant.

TROU D'CUL. Avoir le trou d'cul en dessous du (sur le) bras ; être fourbu, épuisé.

Avoir le trou d'cul joyeux ; lâcher des gaz en public.

TROU DU BEDEAU. Attendre d'être dans le trou du bedeau pour faire qqch. S'abstenir d'agir jusqu'à ce qu'il soit trop tard. ❖ « Il faut pas attendre d'être rendu dans le trou du bedeau pour se grouiller les fesses. » ❖ *Fr*. Attendre d'avoir un pied dans la tombe.

TROUBLÉ. Être troublé ; avoir l'esprit dérangé, ne plus avoir son bon sens, perdre son sang-froid. ❖ « S'il t'a donné une claque sur la gueule, c'est qu'il était troublé, sinon, je ne vois aucune autre raison. »

TROUFIGNON. Retrousser le troufignon à (de) qqn ; donner une raclée à qqn. TROUFIGNON : derrière.

TROUS. Se mettre les yeux en face des trous ; regarder la vérité en face. ❖ « Mais il faut enfin se mettre les yeux en face des trous et appeler les choses par leur nom. » Daniel Latouche, *Le Devoir*, janvier 1987. ❖ *Fr*. Avoir les yeux en face des trous.

TROUS DE BEIGNE. Avoir les yeux en trous de beigne ; avoir les yeux exorbités.

TROUS D'SUCE. Avoir les yeux en (comme des) trous d'suce ; avoir les yeux minuscules (en raison de la fatigue, notamment), les yeux bridés. ❖ « Ce bébé a les yeux comme des trous d'suce, on les lui voit à peine. » ❖ *Fr*. Avoir les yeux en trou de bitte.

TROUVAILLE. Habillé comme une trouvaille ; mal habillé.

TUE-MONDE. Être un tue-monde. Se dit de qqch. d'harassant, d'éreintant, et notamment d'un travail, d'une tâche épuisant(e).

TUG. **Fumer comme un** *tug* [*angl.* bateau-remorqueur] ; fumer sans arrêt.

TUYAU DE L'OREILLE. Parler à qqn (se faire parler) dans le tuyau de l'oreille ; chapitrer, chicaner qqn (se faire chapitrer, chicaner).

UN. Sans faire ni un ni deux ; sans tergiverser, sans attendre.

UNE. En manger (toute) une ; essuyer une (bonne) raclée, un revers. ❖ « Vous en avez mangé toute une, à ce que je vois. » CJMS, mai 1987.

UP AND DOWN. **Se donner un** *up and down* [*angl.* en haut et en bas] **;** se masturber.

URINE. Pauvre comme de l'urine ; d'une grande pauvreté.

VACHE. Avoir la vache sur le dos ; être paresseux.

Avoir mangé (manger) de la vache enragée ; être d'humeur maussade, colérique, faire une vie difficile. En France, *mener une vie de privations*.

Brailler comme une vache qui pisse ; pleurer à chaudes larmes. En France, *pleuvoir comme vache qui pisse* : pleuvoir à verse. ❖ *Fr.* Pleurer comme une vache (Rabelais).

C'est trop fort pour une vache ! Formule amusante pour dire : c'est au-dessus de mes forces.

Être à vache ; occuper un poste subalterne.

Être (lâche comme une) vache ; être paresseux.

Parler français comme une vache espagnole ; s'exprimer mal en français. Déformation probable de la locution française (ci-après). ❖ *Fr.* Parler le français comme un Basque espagnol.

VACHE À LAIT. Être une vache à lait ; être un moyen de subsistance. De qqn ou de qqch. que l'on exploite.

VACHES. Ça n'a pas plus de bon sens que de monter les vaches au grenier ! C'est insensé.

Ça tète les vaches ! Ça coûte cher ! ❖ « Sa maison lui a coûté les yeux de la tête, ça tète les vaches, ces bâtiments-là. »

Le diable est aux vaches ; le désordre règne, tout est sens dessus dessous. ❖ « Comment ! Vous ne savez pas ? Mais le diable est aux vaches dans le Toa ! (…) Y a peut-être cinquante personnes de rendues dans l'étable à Baptiste. » Un opuscule populaire.

Lever ses vaches par la queue ; négliger ses animaux, négliger l'ordinaire de la ferme.

VALENTIN. Avoir l'air d'un valentin ; s'habiller d'une manière exagérément voyante.

(DE) VALEUR. C'est pas de valeur ! Évidemment ! Ça va de soi ! ❖ « C'est pas de valeur, avec sa fortune, il peut tout se payer. »

C'est (ben) de valeur ! C'est (bien) regrettable, malheureux. ❖ « Un beau gars comme lui en fauteuil roulant, c'est ben de valeur ! »

VALISE. Me prends-tu pour une valise ? Me prends-tu pour un imbécile, un niais ? ❖ « Me prends-tu pour une valise ? Moi aussi, je lis *Allô-Police*. » *Le Grand Jour*, Radio-Canada.

VARGEUX. C'est pas vargeux ! C'est pas fameux, extraordinaire, emballant ! ❖ « Tout d'un coup je me vire à haïr cette affaire-là, moi ? Se marier rien que pour le plaisir de la chose, c'est pas... c'est pas vargeux. » Pierre Perrault, *Les Voitures d'eau.*

VASE. Clair comme de la vase ; flou, vague.

VA-VITE. Avoir le va-(y-)vite ; avoir la diarrhée, envie d'uriner.

VEAU. Brailler comme un veau ; pleurer à chaudes larmes. ❖ *Fr.* Pleurer comme un veau.

Faire un veau ; vomir, oublier un sillon en labourant, échapper qqch, laisser un travail en plan.

Foirer comme un veau ; trébucher, tomber par terre.

Une femme qui perdrait son veau. Se dit d'une femme négligente, qui laisse tout traîner.

Plumer son veau ; vomir en état d'ivresse.

VELINE. Jeter sa veline ; faire des folies de jeunesse. VELINE [étym.] : « velin » : peau de veau mort-né. ❖ « ...et plusieurs fois avoit tué et affolé plusieurs de beufs bestes velines et porcines dudit Guillaume... » [extrait]. (Godefroy, *Dict. de l'ancienne langue française*). Jeter sa veline, c'est donc littéralement jeter son veau, c'est-à-dire faire sa vie de jeunesse, accéder à la vie adulte.

VELOURS. Faire un (p'tit) velours ; flatter, faire plaisir.

VENT. Avoir marché le vent dans le dos ; avoir les oreilles décollées.

Parler dans le vent ; parler pour rien, à tort et à travers.

Reprendre son vent ; reprendre son souffle.

VER. Nu comme un ver ; flambant nu. S'emploie aussi en France. ❖ « Le petit Georges était nu comme un ver devant les invités ahuris. »

VERRAT. Être (se mettre) en (beau) verrat ; être (se mettre) en colère, en furie.

VERRE D'EAU. Se noyer dans un verre d'eau ; se troubler, s'énerver pour un rien. S'emploie aussi en France.

VERS. Avoir des vers. Se dit d'un enfant agité, malcommode.

VERT. Faire son vert ; faire son fanfaron (notamment, devant une jeune fille).

VERTES. En manger des vertes p'is des pas mûres ; passer par des épreuves, des difficultés nombreuses. En France, *en dire (entendre, voir) des vertes et des pas mûres* : dire (entendre, voir) des choses choquantes, excessives.

VESSE DE CARÊME. Avoir l'air d'une (blême comme une) vesse de carême; avoir le teint blafard.

VEUVE. Être une veuve à l'herbe ; être une veuve disponible, une épouse séparée et disponible. ❖ « Belle et jeune veuve à l'herbe, comme elles disent en Mauricie. » Robert Baillie, *Des filles de Beauté*.

VEUX. Veux veux pas ; de gré ou de force, vouloir ou pas (peu importe). ❖ « Veux veux pas, il fallait qu'il avance vers l'échafaud. »

VIE. Bon comme la vie ; obligeant, dénué de malice. ❖ *Fr.* Respirer la bonté.

VIEILLE. Baiser (baisser) la vieille ; manquer son coup, revenir bredouille. ❖ « Parti le matin pour relever les trappes, il a baisé la vieille : rien sur la table au souper. »

VIEUX. Sentir le p'tit vieux qui monte tranquillement su'l'fani [dans le fenil] **;** empester, sentir le vieillard, le renfermé.

VIEUX-GAGNÉ. Vivre sur le (son) vieux-gagné ; vivre sur ses épargnes.

VILAINE. Faire la vilaine. Se dit d'une femme qui ne désire pas d'enfant.

VIOLON. (Aller) danser plus vite que le violon ; trop préjuger des événements, faire avant ce qui doit être fait ensuite. ❖ *Fr.* Mettre la charrue devant les bœufs.

Jouer du violon ; radoter.

VIPÈRE. Avoir une langue comme une vipère ; médire, dénigrer. ❖ *Fr.* Avoir une langue de vipère.

VIREBREQUIN. Croche comme un virebrequin [vilebrequin] ; tordu, recourbé. Se dit aussi d'une personne malhonnête.

VIRE-CAPOT. Être (un) vire-capot ; être instable, inconstant, peu fiable.

VIRE-VENT. Qqn de vire-vent vire-poche ; qqn d'inconstant dans ses idées, son attitude.

VIRER DE BORD. Ne pas prendre de temps à se virer de bord ; être vif, dynamique.

VIS. Manquer une vis ; être timbré.

VISAGE. Avoir un visage à deux faces ; être (avoir l'air) hypocrite.

Faire bon visage contre mauvaise fortune ; accepter sereinement les épreuves. ❖ *Fr*. Faire contre mauvaise fortune bon cœur.

VISION. Passer comme une vision ; passer en trombe, à toute allure. ❖ *Fr*. Passer en coup de vent.

VISOU. Avoir du visou ; avoir du flair, viser juste. ❖ *Fr*. Mettre dans le mille.

VITE. Aller plus vite que la musique ; trop préjuger des événements, trop précéder les événements. ❖ *Fr*. Aller trop vite en besogne.

VITESSE. Quand la vitesse a passé, tu n'étais pas (encore) né ! Tu es paresseux, lambin !

VITRE. Clair comme de la vitre. Se dit d'une évidence éclatante, limpide.

VITRES. Ça ne casse pas les vitres ! Ça n'a rien d'extraordinaire, c'est banal !

VOILE. Avoir (bien) de la voile mais pas de jugement (pas de gouvernail) ; avoir beaucoup de volonté mais aucun jugement.

VOIR. Rien qu'à voir, on voit bien (qu'on n'a pas vu qu'on [ne] verra plus) ! Formule plaisante pour dire, par dérision : c'est tout à fait évident, limpide.

VOITURE. Être en voiture avec qqch. ; être bien pourvu, comblé avec qqch., avoir ce qui convient. ❖ « Tu es en voiture avec une femme pareille ; vraiment, tu n'as pas à te plaindre. »

VOLÉE. Manger une volée ; essuyer une raclée, être supplanté.

VOLEUR. Gras comme un voleur ; corpulent, obèse. ❖ « Ton matou est gras comme un voleur, je suis sûr qu'il a mangé une de mes poules. »

Riche comme un voleur ; richissime, fortuné.

VOYAGE. Avoir son (gros) voyage ; être exténué, à bout de forces. ❖ *Fr.* Être au bout de son rouleau.

J'ai mon voyage ! J'en suis estomaqué ! C'est incroyable !

VU. Quand j'ai vu que j'voyais plus, j'ai bien vu que je voyais rien. Formule plaisante pour se moquer de celui qui formule des évidences intempestives.

WABEL. Avoir le wabel ; avoir la nausée. ❖ « Quand elle a vu le dégât qu'avait fait le chien, elle a eu le wabel. »

WAQUE. Lâcher un waque ; lancer un cri. ❖ « Si tu as besoin d'aide, tu as juste à lâcher un waque. »

WATAP. **N'avoir plus que le** *watap* **;** être au bout de ses forces. WATAP, mot indien désignant la quille ainsi que la racine d'épinette rouge servant à coudre le canot d'écorce.

WATERLOO. Frapper son Waterloo ; être arrêté par un obstacle infranchissable, un empêchement insurmontable.

WILLIE. Se passer un willie ; se masturber.

Se poigner le willie ; se caresser les organes génitaux.

WILLIES. Faire des willies [*angl.* « wheelies », crissement, tournoiement] ; perdre l'esprit, tournoyer, virevolter (en automobile, en fauteuil roulant, etc.).

YEUX. Avoir des yeux de chat ; avoir les yeux écarquillés, exorbités.

Avoir les yeux plus grands que la panse ; désirer manger davantage que l'appétit ne le permet, vouloir faire plus que ses forces ne le permettent. Se dit notamment à propos d'un enfant. ❖ *Fr.* Avoir les yeux plus grands que le ventre.

Coûter les yeux de la tête ; être coûteux, inabordable. S'emploie aussi en France.

En avoir par-dessus les yeux ; en avoir assez, être à bout. ❖ *Fr.* En avoir par-dessus la tête.

Faire des yeux de porc frais ; faire de gros yeux, des yeux méchants.

Lancer des yeux ; lancer des regards (langoureux, méchants, etc.).

ZARZA. Être (faire) le zarza ; être (faire le) niais, l'imbécile.

ZIGONNAGE. Faire (y avoir) du zigonnage ; y avoir une perte de temps, de l'hésitation, du travail inutile. ❖ « L'offre sans intérêt de février. Y a pas de zigonnage. » *Courrier Deux-Montagnes.*

ZOUAVE. Faire le zouave ; faire le niais.

Sources

Bibliographie

BAILLIE, Robert, *Des filles de Beauté*. Montréal, éd. Quinze, 1983.

BARBEAU, Marius, *L'Arbre des rêves*. Montréal, éd. Lumen, 1948.

BARBEAU, Victor, *Le Français du Canada*. Québec, Garneau, 1970 (1re édition : 1963).

BARBEAU, Victor, *Le Ramage de mon pays*. Montréal, éd. Bernard Valiquette, 1939.

BARRY, Robertine, *Chroniques du lundi de Françoise* [pseud.]. Montréal, s. é., 1891-1895.

BARRY, Robertine, *Fleurs champêtres*. Montréal, Desaulniers, 1895.

BEAUCHEMIN, Normand, *Dictionnaire d'expressions figurées en français parlé du Québec*. Sherbrooke, document de travail n° 18, Université de Sherbrooke, 1982.

BEAULIEU, Victor-Lévy, *Manuel de la petite littérature du Québec*. Montréal, l'Aurore, 1974.

BERGERON, Léandre, *Dictionnaire de la langue québécoise*. Montréal, VLB éditeur, 1980.

BERGERON, Léandre, *The Québécois Dictionary*. Toronto, James Lorimer & Co., 1982.

BERNARD, Antoine, *La Gaspésie au soleil*. Montréal, Clercs de Saint-Viateur, 1925.

BERTHELOT, Hector, *Le Bon Vieux Temps*. Compilé, revu et annoté par É.-Z. Massicotte. Montréal, Beauchemin, 1924, 2 tomes.

BLOCH, O. et WARTBURG, W. *Dictionnaire étymologique de la langue française*. Paris, P.U.F., 1968.

BOUCHER-BELLEVILLE, Jean-Baptiste, *Dictionnaire des barbarismes et des solécismes les plus ordinaires en ce pays avec le mot propre ou leur signification*. Montréal, Imprimerie de Pierre Cérat, 1855.

CLAPIN, Sylva, *Dictionnaire canadien-français ou lexique-glossaire des mots, expression et locutions ne se trouvant pas dans les dictionnaires courants et dont l'usage appartient surtout aux Canadiens français*. Montréal, Beauchemin, 1894.

CLAS, André et SEUTIN, Émile, *Dictionnaire de locutions et d'expressions figurées du Québec*. Montréal, Université de Montréal, 1985.

CLAS, André, SEUTIN, Émile, BRUNET, Manon, (FARIBAULT, Marthe, BOUCHARD, Chantal), *Richesses et particularités de la langue écrite du Québec*. Montréal, Université de Montréal, Département de linguistique et philologie, 1979-1982, 8 tomes.

CLICHE, Robert et FERRON, Madeleine, *Quand le peuple fait la loi, la loi populaire à Saint-Joseph de Beauce*. Montréal, Hurtubise/HMH, 1972.

CUOQ, abbé Jean-André, *Lexique de la langue algonquine*. Montréal, J. Chapleau, 1886.

DE L'ORME, Jean-Claude et LEBLANC, Oliva, *Histoire populaire des Îles de la Madeleine*. Montréal, l'Aurore/ Univers, 1980.

DESRUISSEAUX, Pierre, *Le Livre des expressions québécoises*. Montréal, Hurtubise/HMH, 1979.

DIONNE, Narcisse-Eutrope, *Le Parler populaire des Canadiens français ou Lexique des canadianismes, acadianismes, anglicismes, américanismes, mots anglais les plus en usage au sein des familles canadiennes et acadiennes*. Québec, Laflamme et Proulx, 1909.

DUBUC, Robert et BOULANGER, Jean-Claude, *Régionalismes québécois usuels*. Paris, Conseil international de la langue française, 1983.

DULONG, Gaston et BERGERON, Gaston, *Le Parler populaire du Québec et de ses régions voisines*. Atlas linguistique de l'Est du Canada, collection Études et Dossiers. Québec, Ministère des Communications/Office de la langue française, 1980, 10 tomes.

DUPONT, Jean-Claude, *Le Forgeron et ses Traditions*. Thèse de D.É.S. Québec, université Laval, 1966.

DUPONT, Jean-Claude, *Le Monde fantastique de la Beauce québécoise*. Collection Mercure, dossier n° 2. Ottawa, Centre canadien d'études sur la culture traditionnelle, Musée national de l'Homme, 1972.

FRÉCHETTE, Louis, *Contes de Jos Violon*. Montréal, l'Aurore, 1974.

FRÉCHETTE, Louis, *La Noël au Canada*. Toronto, Morang, 1900.

FRÉCHETTE, Louis, *Originaux et Détraqués*. Montréal, Patenaude, 1892.

GEOFFRION, Louis-Philippe, *Le Parler des habitants de Québec*. Ottawa, Mémoires de la Société royale du Canada, 3e série, vol. XXII, 1928, p. 63-80.

GEOFFRION, Louis-Philippe, *Zigzags autour de nos parlers*. Québec, chez l'auteur, 1925-1927, 3 tomes (2e édition).

GERMA, Pierre, *Dictionnaire des expressions toutes faites*. Montréal, Libre Expression, 1987.

GIRARD, Rodolphe, *Marie Calumet*. Montréal, éd. Serge Brousseau, 1946 (1re édition : 1904).

GODEFROY, Frédéric, *Dictionnaire de l'ancienne langue française*. La Haye, Kraus Reprint, 1961, 10 tomes (1re édition : 1881-1902).

GREIMAS, Algirdas Julien, *Dictionnaire de l'ancien français*. Paris, Larousse, 1968.

GRANDSAIGNES D'HAUTERIVE, R., *Dictionnaire de l'ancien français*. Paris, Larousse, 1947.

GROSBOIS, Paul de, *Les Initiés de la pointe aux Cageux*. Montréal, Hurtubise/HMH, 1986.

GUÈVREMONT, Germaine, *Le Survenant*. Montréal, Beauchemin, 1945.

HARVEY, Gérard, *Marins du Saint-Laurent*. Montréal, éd. du Jour, 1974.

HOGUE, Marthe, *Un trésor dans la montagne*. Québec, Caritas, 1954.

JASMIN, Claude, *Pointe-Calumet boogie-woogie*. Montréal, Laffont Canada/Stanké, 1973.

LABERGE, Albert, *La Scouine*. Montréal, l'Actuelle, 1972 (1re édition : 1918).

LAFLEUR, Normand, *La Vie traditionnelle du coureur de bois au XIXe et XXe siècles*. Montréal, Leméac, 1973.

LAMONTAGNE, Roland, « Fais pas ton p'tit Jean-Lévesque ». *Revue d'histoire de la Gaspésie*, vol. III, n° 1, janvier-mars 1967.

LAPOINTE, Gaétan, *Les Mamelles de ma grand-mère, les Mamelles de mon grand frère*. Montréal, éd. Québécoises, 1974.

LAPOINTE, Raoul, *Des mots pittoresques et savoureux. Dictionnaire du parler populaire du Saguenay-Lac-Saint-Jean*. Fédération des sociétés d'histoire du Québec, s.l., 1988.

LAROSE, Wilfrid, *Variétés canadiennes*. Montréal, Institution des sourds-muets, 1898.

« La vente de la poule noire ; anecdote canadienne ». *Bulletin de la Société royale du Canada*, vol. 13, n° 1, 1919, p. 77-94.

LEMAY, Pamphile, « La dernière nuit du Père Rasoy ». *Le Monde illustré*, vol. 18, n° 932, mars 1902, p. 754-755.

LITTRÉ, Émile, *Dictionnaire de la langue française*. Paris, Gallimard/Hachette, 1967, 7 tomes (1re édition : 1863-1872).

MANSEAU, Joseph-Amable, *Dictionnaire des locutions vicieuses du Canada*. Québec, J.A. Langlois, 1881.

MARIE-URSULE, (C.S.J.), sœur, *Civilisation tradition-nelle des Lavalois*. Archives de folklore, nº 5-6, Presses universitaires de Laval, 1951, « Proverbes et métaphores », p. 158-162.

MARTIN, Ernest, *Le français des Canadiens est-il un patois ?* Québec, l'Action catholique, 1934.

MASSICOTTE, Édouard-Zotique, « La vie des chantiers ». *Mémoires et comptes rendus de la Société royale du Canada*, série V, 1922, p. 1-25.

MONTIGNY, Louvigny de, *Au pays du Québec*. Montréal, Pascal, 1945.

MORIN, Louis, *Les Étapes de la vie des paroissiens de Saint-François*. Travail du cours Histoire 101, Collège Sainte-Anne-de-la-Pocatière, mars 1966.

NOËL, Bernard, *Les Fleurs noires*. Montréal, Pierre Tisseyre, 1977.

PERRAULT, Pierre, *Les Voitures d'eau*. Montréal, Lidec, 1969 (tiré du film du même auteur produit par l'Office national du film).

POTHIER, Pierre, « Façons de parler proverbiales, triviales, figurées... des Canadiens au XVIIIe siècle » [1743-1752]. *Revue d'ethnologie du Québec*, vol. 6, nº 12, 1980, p. 39-113.

« Proverbes à propos de noces ». *Bulletin des recherches historiques*, vol. XXIX, p. 310.

RAT, Maurice, *Dictionnaire des locutions françaises*. Paris, Larousse, 1957.

REY, Alain et CHANTREAU, Sophie, *Dictionnaire des expressions et locutions figurées*. Collection Les Usuels. Paris, Le Robert, 1979.

RICHLER, Mordecai, *Rue Saint-Urbain*. Traduit par René Chicoine. Montréal, Hurtubise/HMH, 1969.

RINGUET, *Trente arpents*. Montréal, Fides, 1938.

RIOUX, Marcel, *Description de la culture de l'Île verte*. Bulletin n° 133, n° 35 de la série anthropologique. Ottawa, Musée national du Canada, 1954.

RIVARD, Adjutor, *Études sur les parlers de France au Canada*. Québec, Garneau, 1914.

ROBERT, Paul, *Le Petit Robert*. Paris, Le Robert, 1967.

ROBINSON, Sinclair et SMITH, Donald, *Manuel pratique du français québécois et acadien/Practical Handbook of Québec and Acadian French*. Toronto, Anansi, 1984.

ROGERS, David, *Dictionnaire de la langue québécoise rurale*. Montréal, VLB éditeur, 1977.

ROY, Carmen, *La Littérature orale en Gaspésie*. Bulletin n° 134. Ottawa, Musée national du Canada, 1955.

ROY, Pierre-Georges, « Nos coutumes et traditions françaises ». *Les Cahiers des dix*, n° 4, 1939, p. 59-118.

SIMARD, Guy, *Vocabulaire du Bas-Saint-Laurent et de la Gaspésie*. Rimouski, Université du Québec à Rimouski, avril 1978.

SOCIÉTÉ DU PARLER FRANÇAIS AU CANADA, *Glossaire du parler français au Canada*. Québec, L'Action sociale, 1930.

Soirées canadiennes, recueil de littérature nationale. Québec, Brousseau, 1861-1865, 5 tomes.

TACHÉ, Joseph-Charles, *Forestiers et Voyageurs*, mœurs et légendes canadiennes. Montréal, Librairie Saint-Joseph, 1884.

TRUDELLE, abbé Charles, « Le pain béni ». *Bulletin de recherches historiques*, vol. XVII, n° 5, mai 1912, p. 151-172.

TURCOT, Marie-Rose, *Le Carrousel*. Montréal, Beauchemin, 1928.

Veillées du bon vieux temps à la bibliothèque Saint-Sulpice, à Montréal, les 18 mars et 24 avril 1919. Montréal, Ducharme, 1920.

WATIER, Maurice, *La Ronde des idées et des mots anciens et nouveaux*. Saint-Hyppolite, éd. Franqué, 1988.

Périodiques

L'Actualité, Almanach de l'Action sociale catholique, Chanteclerc, Châtelaine, Courrier Deux-Montagnes, La Nouvelle, La Presse, Le Devoir, L'Éveil, Présent, Voir.

Documents audiovisuels et archivistiques

Ad Lib, réseau TVA ; *À plein temps*, Radio-Québec ; *À toi pour toujours, ta Marie-Lou*, pièce de Michel Tremblay ; *Aujourd'hui peut-être*, dramatique de Serge Sirois ; CHRS radio ; *Cré quêteux*, chanson d'Ovila Légaré ; *Émission Gilles Proulx*, CJMS radio ; *Il était une fois dans l'est*, pièce de Michel Tremblay ; *La Bête lumineuse*, film de Pierre Perrault ; *La Dernière Condition*, film de Michel Laflamme ; *La Fleur aux dents*, film de Thomas Vamos ;

La Grande Visite, Radio-Canada ; *La Maudite Galette*, film de Denis Arcand ; *Le Diable à quatre*, film de Jacques W. Benoît ; *Le Français d'aujourd'hui*, Radio-Canada ; *Le Grand Jour*, téléfilm de Jean-Yves Laforce, scénario et dialogues de Michel Tremblay ; *Le Point*, Radio-Canada ; *Le Téléjournal*, Radio-Canada ; *Les Pauvres*, chanson de Plume Latraverse ; *Les 100 watts*, Radio-Québec ; *Marguerite et Compagnie*, réseau Quatre-Saisons ; *Mongrain de sel*, réseau TVA ; *Mon plus beau souvenir*, monologue du père Gédéon (Doris Lussier) ; *Mont-Joye*, Radio-Canada ; *Montréal ce soir*, Radio-Canada ; *Où êtes-vous donc*, film de Gilles Groulx ; *Quelle famille*, Radio-Canada ; *Réjeanne Padovani*, film de Denys Arcand ; *Rock et Belles Oreilles*, réseau TVA ; *Rue des pignons*, Radio-Canada ; *Partis pour la gloire*, film de Clément Perron ; *Première Ligne*, Radio-Québec ; *Salut Victor*, téléfilm de Anne-Claire Poirier ; *Samedi de rire*, Radio-Canada ; *Six heures au plus tard*, téléfilm de Marc Perrier, dialogues de Michel Tremblay ; *Star d'un soir*, Radio-Canada ; *Surprise sur prise*, réseau Quatre-Saisons ; *T'es belle, Jeanne*, film de Robert Ménard ; *Touche à tout*, avec Suzanne Lévesque, CKAC radio ; *Tout l'temps, tout l'temps*, film de Fernand Dansereau ; *Un amour de quartier*, téléfilm ; *Un simple soldat*, pièce de Marcel Dubé ; *Visage pâle*, film de Claude Gagnon. Archives de folklore : collections Céline Auclair, Marc Bérubé, Raymond Boily, Françoise Cantin, abbé Édouard Fournier, Jean Hamelin, Lise Levasseur, frère Marc-Régis, Normand Martin, Fernand Ouellet, Cécile Raymond, sœur Sainte Hélène-de-la-Foi, Léonard Schmidt. Vincent-Pierre Jutras, *Le Parler des Canadiens français*, manuscrit. La Baie-du-Febvre, 1917 ; fonds Édouard-Zotique Massicotte, annexe Ædigius Fauteux de la Bibliothèque nationale du Québec.

Informateurs*

Angers, René ; Aubé, Lucien ; Beaulieu, Rita ; Beaulieu, Victor-Lévy ; Bélanger, Hélène ; Bélanger, Lise ; Bélisle, Carole ; Bergeron, Alain ; Bergeron, Clara ; Bergeron, Françoise ; Bergeron, Michelle ; Boilard, Denise ; Bouchard, Laurent ; Boucher, Eudore ; Boucher, Guy ; Boucher, Johanne ; Boulet, Nicole ; Bourdage, M. ; Bourdeau, Marjolaine ; Bricault, Maurice ; Brin, Paulette ; Brochu, Michel ; Brousseau, Murielle ; Caouette, Réal ; Cardin, Sylvie ; Caron, Maurice ; Chandonnet, Denis ; Côté, Harold ; Côté, John ; Coutlée, Normand ; Cyr, Patrick ; D'Amours, Danielle ; Desgagné, Madeleine ; Desgagné, Marie-Ange ; Desgagné, Marie-Claire ; Desgagné, Marie-Émilie ; Desrosiers, Charles ; DesRuisseaux, Gaby ; DesRuisseaux, Jean ; DesRuisseaux, Jeannette ; DesRuisseaux, Lorenzo ; DesRuisseaux, Mia ; Dubois, Claude ; Farley, Francine ; Farley, Jean-Pierre ; Forcier, Madeleine ; Fortier, Guy ; Fortin, Guy ; Fortin, René-Jacques ; Gagné, Daniel ; Gamache, Élaine ; Gauthier, Cathy ; Gauvreau, Michel ; Girard, Denis ; Gobeil, Martin ; Grenier, François ; Guérin, France ; Hamel, Réginald ; Hébert, Alain ; Houle, Léontine ; Inkel, Jacqueline ; Isabelle, Robert ; Lalonde, Isabelle ; Laplante, Daniel ; Laplante, Laurent ; Leblanc, André ; Lebrun, Sylvie ; Legault, Claude ; Lemaire, Carole ; Lemay, Michel ; Lévesque, Berthe ; Martineau, Richard ; Mathieu, Claudette ; Mercier, Johanne ; Monette, Lyane ; Morin, Michel ; Nadeau, Normand ; Olivier,

---

* Collection de l'auteur.

Nicole ; PALARDY, Linda ; PAQUETTE, Cathy ; PAQUETTE, Denis ; PETROFF, Daniel ; PHILION, Ronald ; PINSONNEAULT, Céline ; POIRIER, Lyne ; RACINE, Daniel ; RACINE, Nathalie ; ROBERT, Johanne ; ROUSSEL, Rock ; ROY, Sylvain ; SAINT-GERMAIN, Yves ; SAINTONGE, André ; TARDIF, Émile ; THÉRIAULT, Michelle ; THOMPSON, Bobby ; TREMBLAY, André ; TREMBLAY, René ; TRÉPANIER, Laurence ; TRUDEAU, Robert ; VINET, Alain.

Index

L'index comprend à la fois des renvois thématiques et, en caractères gras dans le corps de l'ouvrage, des renvois aux mots significatifs des énoncés, excluant les mots clés et les verbes. Pour les renvois thématiques les nombres sont inscrits en caractères légers ; pour les mots significatifs des énoncés, les nombres apparaissent en caractères gras.

417

418

419

420

437

441

Du même auteur

Œuvres

Croyances et pratiques populaires au Canada français, essai. Montréal, éditions du Jour, 1973.

Le Livre des proverbes québécois, essai. Collection Connaissance des pays québécois, Montréal, éditions de l'Aurore, 1974.

Le Noyau, roman. Collection l'Amélanchier. Montréal, éditions de l'Aurore, 1975.

Dictionnaire de la météorologie populaire au Québec. Collection Connaissance des pays québécois. Montréal, éditions de l'Aurore, 1976.

Magie et Sorcellerie populaires au Québec, essai. Montréal, éditions Triptyque, 1976.

Le Livre des proverbes québécois, (deuxième édition revue et augmentée). Montréal, éditions Hurtubise / HMH,1978.

Le Livre des expressions québécoises. Montréal, éditions Hurtubise/HMH, et Paris, éditions Hatier, 1979.

Lettres, poèmes. Montréal, éditions de l'Hexagone, 1979.

Ici la parole jusqu'à mes yeux, poèmes. Trois-Rivières, Écrits des Forges, 1980.

Soliloques. Montréal, éditions Triptyque/Moebius, 1981.

Le Livre des pronostics. Montréal, éditons Hurtubise/HMH, 1982.

Travaux ralentis, poèmes. Montréal, éditions de l'Hexagone, 1983.

Présence empourprée, poèmes. Montréal, éditions Parti Pris, 1984.

Storyboard, poèmes. Montréal, éditions de l'Hexagone, 1986.

Monème, poèmes. Montréal, éditions de l'Hexagone, 1989. Prix du Gouverneur général.

Dictionnaire des croyances et des superstitions. Montréal, Triptyque, 1989.

Lisières, poèmes. Montréal, éditions de l'Hexagone, 1994.

Traductions littéraires

Georges Woodcock, *Gabriel Dumont / Le chef des Métis et sa patrie perdue* (« Gabriel Dumont », Hurtig Publishers, Winnipeg, 1976). En collaboration avec François Lanctôt. Montréal, VLB éditeur, 1986. Prix de traduction du Conseil des arts du Canada, 1986.

Adrian I. Chavez, *Le Popol Vuh*, bible américaine des Mayas-Quichés. En collaboration avec Daisy Amaya. Montréal, VLB éditeur, et Paris, Le Castor Astral, 1987.

Mary Meigs, *La Tête de Méduse* (« The Medusa Head »). Montréal, VLB éditeur, 1987.

Parus dans la
Bibliothèque québécoise

Jean-Pierre April
CHOCS BAROQUES

Hubert Aquin
JOURNAL 1948-1971
L'ANTIPHONAIRE
TROU DE MÉMOIRE

Bernard Assiniwi
FAITES VOTRE VIN VOUS-MÊME

Philippe Aubert de Gaspé
LES ANCIENS CANADIENS

Noël Audet
QUAND LA VOILE FASEILLE

Honoré Beaugrand
LA CHASSE-GALERIE

Marie-Claire Blais
L'EXILÉ suivi de
LES VOYAGEURS SACRÉS

Jacques Brossard
LE MÉTAMORFAUX

Nicole Brossard
À TOUT REGARD

Arthur Buies
ANTHOLOGIE

Michel Lord
ANTHOLOGIE DE LA SCIENCE-FICTION
QUÉBÉCOISE CONTEMPORAINE

Hugh McLennan
DEUX SOLITUDES

Marshall McLuhan
POUR COMPRENDRE LES MÉDIAS

Antonine Maillet
PÉLAGIE-LA-CHARRETTE

LA SAGOUINE

LES CORDES-DE-BOIS

André Major
L'HIVER AU CŒUR

Gilles Marcotte
UNE LITTÉRATURE QUI SE FAIT

Guylaine Massoutre
ITINÉRAIRES D'HUBERT AQUIN

Émile Nelligan
POÉSIES COMPLÈTES
Nouvelle édition refondue et révisée

Francine Noël
MARYSE

Jacques Poulin
LES GRANDES MARÉES
FAITES DE BEAUX RÊVES

Marie Provost
DES PLANTES QUI GUÉRISSENT

Jean Royer
INTRODUCTION À LA POÉSIE QUÉBÉCOISE

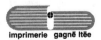

imprimerie gagné ltée

IMPRIMÉ AU CANADA

PIERRE DESRUISSEAUX
DICTIONNAIRE DES EXPRESSIONS QUÉBÉCOISES

◀◀◀

Couenne, micmac, sioux, enfirouaper, jarni
goine : le français québécois est inventif, amu
sant, savoureux... déroutant. Comment s'
retrouver ? Fruit d'une patiente recherche su
le terrain, le *Dictionnaire des expressions québécoise*
répertorie plus de 4000 expressions, locutions
comparaisons, usitées au Québec, avec leu
signification, leurs variantes régionales et, l
plus souvent, leur équivalent en France. U
ouvrage de référence indispensable à quicon
que — étudiants, traducteurs, linguistes o
simples curieux — désire mieux goûter la lan
gue parlée au Québec.

BIBLIOTHÈQUE QUÉBÉCOISE

9 782894 060407

ISBN 2-89406-040-